충성!
저는 밀리터리 맘이지 말입니다

22년차 여군(워킹맘)이 전하는 희망의 메시지

충성!
저는 밀리터리 맘이지 말입니다

초판 발행   2023년 2월 28일 (초판 1쇄)

지은이   최성미
펴낸곳   헤르몬하우스
펴낸이   최영민
인쇄제작   미래피앤피
주소   경기도 파주시 신촌로 16
전화   031-8071-0088
팩스   031-942-8688
전자우편   hermonh@naver.com
등록일자   2015년 03월 27일
등록번호   제406-2015-31호

ISBN   979-11-92520-31-5 (13190)

22년차 여군(워킹맘)이 전하는
희망의 메시지

충성! 저는
밀리터리 맘이지
말입니다

최성미 지음

꿈꾸는 자에게 기회가 온다!

다자녀의 엄마, 간호사에서 중령까지
아직도 꿈을 꾸는 밀리터리 맘이 전하는
용기와 희망의 메시지

그녀들은

빛나는 진주 목걸이를 마다하고 차디찬 쇠줄을 목에 걸고,

뾰족하고 예쁜 하이힐 대신 투박하고 무거운 전투화를 신고,

유행 따라 달라지는 패션 룩이 아닌

사계절 변함없는 얼룩무늬 전투복을 입고,

화려하고 예뻐지기 위한 화장이 아닌

나를 감추기 위한 위장을 한다.

그렇게 그녀들은 매일

군번줄을 목에 걸며 죽기를 각오하고,

전투화 끈을 동여매며 살기를 다짐한다.

 프롤로그

이십 년 남짓 군 생활을 하면서 가장 많이 받아본 질문이 있다.

"왜 군에 들어왔어요?"
"힘들지 않아요?"
"혹시 나중에 딸도 군에 보내실 건가요?"

대한민국 남자들에겐 의무이지만 여자는 의무가 아닌데 왜 군이 군에 제 발로 찾아들어 왔는지를 의아해하며 이유를 궁금해하는 사람들이 많다. 남자들에게 국방의 의무는 매우 엄중하면서도 사실상 부담스러운 삶의 과업이다. 어떻게든 방법만 있으면 피하고 싶은 것이 솔직한 마음일 것이다. 그런 남자들에게는 군에 자발적으로 찾아오는 여자들의 심리가 궁금하고 이해하기 어려울 수도 있다.

좀 허무하게 들릴 수도 있겠지만 위의 질문에 대한 나의 답변은 이렇다. 나의 군 입대 동기는 '호기심'과 '도전'이었다. 간호사라는 안정된 직장이 있었음에도 고등학교 시절 병영체험에서 느꼈던 '호기심'과 지금 아니면 할 수 없는 경험이라는 '도전'에서 였다. 의무복무 기간 3년만 한번 해보자는 생각으로 무엇에 홀린 듯 지원했다.

"힘들지 않나요?"라는 질문의 답변은 많은 사람이 예상한 대로일 것이다. "정말 많이 힘들어요, 생각해보지 못했던 어려움이 너무 많고 항상 외로워요. 이 모든 것을 미리 알았더라면, 예전으로 돌아가 선택할 수 있는 기로에 다시 선다면 아마도 많이 망설일 것 같아요"라고. 그런데 거짓말처럼 언제 여기까지 왔을까 싶을 정도의 시간이 훌쩍 흘러 20년이 넘어가고 있다.

원래 이곳의 주인은 남자였고, 처음에 그들은 우리 여성의 등장을 그리 반기지 않았던 것 같다. 당시에는 남자는 일을 하고 여자는 가정을 꾸리는 것이 일상적인 모습인 시절이었기 때문에 우리는 평범하지 않은 여성들로 비쳤다. 내가 기초군사훈련을 끝내고 첫 보직을 받아 군 생활을 시작했을 때부터 한참 동안 그랬다. 이방인을 바라보는 낯설고도 흥미로운 눈빛에 익숙해져야 했다.

그 속에서 나는 그들과 다르게 보이지 않으려 노력했다. 튀지 않고 자연스럽게 조화되려면 어떻게 해야 할지 항상 고민하며 적절한 나의 위치를 찾아야 했다. 노력의 결과인지 시간이 지날수록 목소리 톤이 점점 낮아지고 행동도 남성스럽게 변해가는 것이 느껴졌다. 그리고 이방인이 되지 않기 위한 처절한 노력이 시작되었다.

화장실과 샤워만 같이 못 하고 다른 건 다한다는 정신으로 남자들과 똑같이 하려고 했다. 사실 마음 저변에서는 여자라고 무시당할까 봐 두려운 마음에 과장된 행동과 거친 말들을 사용하기도 했다. 그때는 그래야 한다고 생각했다.

주변을 아무리 둘러보아도 여성들이 생활할 수 있는 기본시설은 없었다. 그렇다고 부대 내 극소수인 나를 위해 별도 시설을 만들어 달라고 할 수도 없는 노릇이었다. 무엇보다 불편하다는 표현을 하는 것이 곧 부적응을 뜻하는 것이라는 생각에 아무 말 없이 참고 감내할 수밖에 없었다. 기껏해야 남자 화장실 대변기 중 하나에

충성! 저는 밀리터리 맘이지 말입니다

'여성용'이라고 써 붙여주면 그걸로 족했다.

과거 군에는 여성이 거의 없었고, 또한 지금처럼 여성이 이렇게 많아질 것이라는 생각조차 하지 못했다. '그러려니' 하고 이해하려 노력하며 불편하다는 말조차 하지 못했다. 내가 불편한 것보다 나로 인해 다수가 불편해질 수 있다는 생각에서였다. 군에서도 갑작스러운 이방인을 어떻게 대하고 관리해야 할지 막막해하는 것 같았다. 그래서 힘들다는 소리를 감히 입 밖에 낼 수 없었다. 새로운 보직을 받으려면 해당 부대로부터 승낙이 떨어져야 했고, 보직 기간 내 임신이나 출산을 하지 않겠다는 암묵적 서약을 해야 했다. 어쩌다 임신이라도 하면 일단 걱정의 눈물부터 흘려야 했다. '큰일이다. 어떻게 얘기해야 하지?' 하는 고민을 하다 한참 동안 임신 사실을 알리지 않고 지내기도 했다.

요즘 군에 들어오는 사람들의 눈으로 바라보면 '에이, 설마~'라며 이해하기 힘든 옛날이야기쯤으로 생각될 수도 있겠지만 불과 몇 년 전까지만 해도 일상적인 모습이었다. 사회적으로 여성의 입지가 높아지는 변화의 분위기 속에서 군도 이렇게 변할 것이라고 는 감히 예상하지 못했다.

좀 더 시간이 지나면 '~라떼'를 소환해야만 이야기를 할 수 있는 옛날이야기가 될 것 같은 조바심에 용기를 내었다. 처절할 정도로 혼자였고 외로웠던 금녀의 집에서 버텨온 나의 이야기를 들려주고 자 한다. 물론 힘들었던 경험담을 털어놓는 이유가 단순히 위로나 칭송을 받고자 함이 아니다. 누군가에게는 공감의 위로가 될 것이 고, 또 누군가에게는 도전을 위한 용기를 줄 수 있을 것이기 때문 이다.

항상 어디를 가든 낯선 이방인으로 홀로 외로운 싸움을 하며 지 금까지 참고 견디다 보니 강산이 두 번은 변했을 20여 년의 시간 속에서 군도 상상하지 못할 정도의 변화를 거듭하고 있다. 또한 소 수이기 때문에 부득이하게 감내해야 했던 다소 불공정했던 시절을 바로잡으려는 노력이 더해져 이제는 군도 여성과의 나란한 동행이 가능해졌다.

충성! 저는 밀리터리 맘이지 말입니다

나는 감히 앞으로 군대가 여성들의 유능함과 가능성을 증명할 수 있는 기회의 장소라고 말하고 싶다. 물론 性(성)이 다른 데서 오는 신체적 차이로 인해 감수해야 할 부분은 분명히 있다. 하지만 이에 대한 제도적 보완도 충분하다. 앞서간 선배들이 힘든 시절을 견디며 닦아 놓은 길에 가속력을 더해 군에 조금 남은 금녀의 벽마저 보기 좋게 허물어 주길 희망하는 마음으로 이 글을 쓴다.

차 례

도전, 생존이 목표다
꿈꾸는 자에게 기회가 온다

시골에서 온 자존심 센
여자 골목대장

나의 고향 김해평야, 벼농사를 주로 하던 곳, 주변을 둘러보면 끝없이 펼쳐진 논 이외에는 아무것도 보이지 않던 그런 곳이 내가 태어나 자란 곳이다. 대학을 들어가면서 집을 떠나 독립하여 살다 보니 가끔 고향을 갈 때면 엄청난 속도로 도시화 되어 가는 모습에 놀라움을 감출 수 없었다.

'진달래 먹고, 물장구치고, 다람쥐 쫓던 어린 시절에~~' 라는 노래가 있다. 1974년에 발표된 이용복의 노래이다. 이 노래에 나오는 주인공의 어린 시절이 꼭 나와 닮았다. 농사짓는 조부모님과 한 동네에 살며 여느 동년배와는 조금 다른 경험을 하며 자랐다. 요즘의 세대들은 책이나 옛날 드라마에서나 보았을 법한 모습일지도 모른다.

소를 몰고 산으로 들로 나가 적당한 곳에 묶어 두고 친구들과 산으로 하천으로 마구 뛰어다니며 놀았다. 놀다가 배가 고프면 개구리 뒷다리와 메뚜기를 잡아서 구워 먹었다. 그래도 허기가 채워지지 않으면 동네 과일 밭에 몰래 숨어들어 과일을 조금씩 훔쳐먹었다. 주인어른들이 보아도 '이놈들' 호통만 치실 뿐 다른 벌은 없었다. 동네 사람들이 모두 식구 같은 사람들이었으니까. 그래도 그냥 주는 것보다 훔쳐먹는 것이 맛있었던 건 무슨 이유였을까?

그렇게 시골에서 자연을 벗 삼아 놀기만 하던 중 국민학교(초등학교)에 입학했다. 그러나 한 학기가 끝나기가 무섭게 도시(김해시)로 이사를 하게 되었다. 가난해서 초등학교도 제대로 다니지 못한 부모님들께서 자식 공부는 제대로 시켜보겠다는 생각에 도시로 이사한 것이다. 도시는 도시다. 고향의 풍경과는 사뭇 달랐고 이곳에서 나는 그림자 같은 존재가 되어버렸다.

같은 학급 친구들이 모두 한글을 읽고 쓰고 있었다. 난 그때까지 아무것도 배운 게 없었다. 하지만 내가 모르는 것은 개의치 않았다. 철저히 무시당했고 아무도 돌아봐 주지 않았다. 점점 자신감이 사라졌다. 그러다 보니 학교에서 소극적일 수밖에 없었고, 집에 오면 스트레스를 못 이겨 한참 동안 울기를 반복했다. 말 그대로 '낫놓고 기역 자도 모르는 수준'인데 어떻게 해야 할지 막막했다.

학교를 제대로 다니지 못했던 부모님은 본인들도 한글은 알지만 가르치는 건 못하시겠다며 나를 학원에 등록시키셨다. 그렇게 주산 암산 학원에 다니게 되었고, 선생님께 한글 공부를 부탁해 함께 배웠다. 정말 열심히 했던 것 같다. 당시에는 '주산 암산'의 신동이라는 소리까지 들으며 각종 경연대회에서 우승 트로피를 받았고 학교에서도 실력을 인정받아 교장 선생님의 부탁으로 전체 학생들의 성적 집계를 하기도 했다.

그러던 중 시골에서 다져진 체력 덕분인지 단거리 달리기도 곧잘 해 2년 정도 단거리 육상 선수를 하면서 배구선수로 출전하기도 했다. 운동하면서 성격이 좀 더 거칠어져 또래 남자아이들과 다투기도 많이 했다. 한 번은 장난으로 시작한 싸움이 과격해지면서 유리창이 깨지고, 깨진 유리창을 사이에 두고 장난 섞인 싸움을 이어가다 유리 파편이 떨어지며 왼쪽 새끼손가락을 스쳐 열다섯 바늘을 꿰매는 사고도 있었다. 당시 상처를 제때 치료하지 못해 염증이 생기면서 흉터가 고스란히 어린 시절의 흔적으로 남아 있다.

한편 나를 가슴 설레게 한 아이도 있었다. 김해공항에 근무하는 부모를 둔 아이 중 한 명이었다. 부모님의 교대근무로 서울에서 전학을 온 하얀 피부를 가진 소년, 어색하지만 상냥하고 부드러운 말투를 한 소년이 나의 짝이 되었다. 어린 시절 관심의 표현은 괴롭힘이라고 했던가. 얌전한 그 아이를 무척이나 괴롭히고 싸웠다. 서울로 다시 전학을 갈 때까지 고백 한 번 못해보고 보냈던 아쉬움이 있었다.

학교가 끝나고 집에 오면 숙제를 한 후에 동네 아이들과 놀이를 했다. 어떤 날은 소독약을 뿌리며 동네를 돌아다니는 소독차를 따라 두 시간을 따라다니다가 해가 지고 나서야 집으로 돌아와 혼이 나기도 했다. 그때마다 엄마는 항상 "가시나(여자)가 왜 이리 별나냐?"라며 꾸짖었다.

사실 공부에는 큰 관심이 없었지만, 호랑이처럼 무서운 엄마의 매질을 피하려고 맞지 않을 정도로 공부했다. 그리고 남들 앞에 나서는 것에 두려움이 없는 성격이라서 반장과 부반장을 도맡아 했고, 고등학교 시절에는 전교 회장에 선출되기도 했다.

군과의 첫 인연은 고등학교 시절에 우연히 찾아왔다. 학생회장으로 활동을 하던 고등학교 3학년 때 경상남도청에서 인문계 고등학교 회장을 대상으로 안보교육과 병영체험을 할 기회가 주어졌다. 병영체험 장소는 김해공병학교였다. 지금은 공병학교가 장소를 옮겼지만 공병병과 군인이라면 누구나 한번은 거쳐 가야 하는 곳이다. 군 부대에 들어가 볼 수 있다는 것만으로도 설레는 일이었다. 당일 공병학교에 도착하니 민무늬 전투복 일명 유격복을 나눠주며 입으라고 했다.

군복을 입을 수 있는 기회가 주어진 것이 신기할 따름이었다. 색도 바랬고 땀 냄새가 배어 있었다. 일단 군인 아저씨들이 '~다, ~까'를 써가며 말하는 것이 너무 신기하고 재미있어 수시로 웃음이 났다. 2박 3일간의 체험, 체험내용은 내무생활과 유격이었다. 물론 체험답게 흥미로우면서도 조금 힘들 정도의 수준으로 진행되었다. 그때 막연히 스쳐 간 생각이 있었다. '군인 아저씨들 멋지다.' '여자도 군대에 갈 수 있나?', '군인은 어떻게 되는 거지?' 등등. 병영체험이 끝난 후 그 기억을 즐거운 추억 한 컷으로 여기며 가슴 한편에 묻어두고 살았다. 당시에는 내가 평생을 군인으로 살아가게 될 줄은 상상조차 하지 못했다.

수능 3세대로 대학시험을 치른 후 성적 대비 특별전형으로 합격이 가능한 학교에 지원했다. 누구나 대학 생활에 대한 로망이 있었다. 하지만 나의 대학 생활은 아이러니하게도 고등학교 때보다 더 많은 공부를 해야 했다. 간호학과에 입학한 나는 사람의 생명을 다루는 학문이다 보니 공부할 분량이 어마어마했고, 일정 수준이 되지 않으면 유급될 수 있어 공부할 수밖에 없었다.

무엇보다 모든 과목의 책이 백과사전처럼 두껍고 그 내용 모두 암기를 해야 했고, 시험은 대부분 백지를 내어주어 '~~에 대해 쓰시오'였으니 무슨 말이 더 필요하겠는가. 대학 4년간 도시락을 싸서 다니며 시간을 아껴 공부했다. 방학은 딱 2주간이었다. 방학에는 병원에서 실습했다. 나는 말버릇처럼 '고등학교 때 이렇게 공부했으면 SKY 갔을 텐데'라며 투덜거렸다. 그렇게 국가 고시에 합격하고 간호사 자격증을 취득한 나는 대학교수가 되겠다는 부푼 꿈을 안고 서울에 있는 병원에 취직했다.

대학을 졸업하면서 대다수의 동기는 살던 곳에서 멀리 떠나지 않으려는 마음으로 학교나 고향 주변의 병원을 찾아 취직했지만,

난 두려운 마음을 뒤로하고 고향을 떠나 서울이라는 곳으로 올라갔다. 처음 서울에 발을 내디뎠을 때 말 그대로 입이 쩍 벌어졌다. 모든 건물이 내가 살던 곳과는 전혀 다른 모습이었다. 10배 아니 100배 이상 커 보이는 건물과 도로의 차들, '사람들이 왜 서울에 모여드는 걸까?', '이곳에서 과연 내가 잘 적응할 수 있을까?' '앞으로 나는 어떤 삶을 살아가게 될까?'라는 복잡한 심정으로 설렘 반 두려움 반 서울 생활을 시작했다.

TIP BOX

초중고, 대학 졸업, 직장생활과 결혼으로 이어지는 과정이 너무도 자연스러운 삶의 과업이던 시절에 태어난 여성으로서 자신의 인생을 향한 도전과 변화는 쉽지 않은 시도였다. 태어나서 성인이 될 때까지 자란 곳을 떠나 서울행을 선택하면서 나의 도전은 시작되었다. 혼자 살아가야 한다는 단순한 의미를 넘어 내 인생을 스스로 선택하고 책임져야 한다는 의무감과 기회의 땅이라 불리는 그곳에서 기다리고 있을 나의 알 수 없는 미래에 대한 두려움 섞인 도전장이 던져진 것이다. 설레는 마음만큼 두렵기도 했다. 하지만 서울이라는 도시를 향해 내밀었던 용기와 도전이 간호사라는 직업에서 군인으로 이어지는, 내 인생의 연결고리가 되었다. 어쩌면 인생은 숱한 도전과 선택의 결과물일지도 모른다. 때문에, 한순간 그저 그렇게 흘러가는 대로 두어서는 안 된다.

충성! 저는 밀리터리 맘이지 말입니다

사람 살리는 간호사에서
사람(적) 죽여야 하는 군인으로

나의 아빠는 7남매 중 넷째다. 끼니 걱정을 해야 했던 집안 사정으로 돈을 벌기 위해 목숨을 건 선택을 했다. 월남전 참전, 세계평화라는 거창한 목표가 아니라 죽더라도 쌀과 돈을 벌 수 있다는 생각에서였다. 다행스럽게도 큰 부상 없이 귀국하셨고 당시 엄청난 쌀과 산 하나를 통째로 살 수 있을 정도의 돈을 벌어오셨다. 말 그대로 아빠는 효자였다.

시골에 함께 살던 할머니가 어느 날 갑자기 '중풍'이라는 병을 얻어 몸의 절반이 마비되셨고, 이후로는 평생을 앉아서 몸을 바닥에 끌며 움직이셔야 했다. 무엇보다 혼자서 대소변을 처리할 수 없어 항상 돌봐 주는 사람이 옆에 있어야 했다. 그런 할머니의 손발이 되어 준 건 바로 고모도 삼촌들도 아닌 셋째 며느리인 엄마였다. 나는 엄마가 할머니를 보살펴드리는 모습을 옆에서 지켜보며 자랐다.

초등학교에 들어가면서 나와 동생의 공부를 위해 시내로 이사했지만, 주말마다 할머니 댁으로 향했다. 엄마는 할머니의 대소변을 받아낼 때 필요한 검은 봉지를 평소 차곡차곡 모아두었다가 주말이면 어김없이 검은 봉지를 들고 할머니 댁으로 향했다. 지금도 검은 봉지를 보면 할머니가 떠오른다.

시골에 다니러 가면 할머니 옆을 지키는 사람은 바로 나였다. 거동이 불편하고 제대로 씻지도 못하셔서 특유의 냄새가 나는 할머니를 사촌 언니와 동생들은 좋아하지 않았다. 그래도 나는 할머니가 좋았다. 유난히 나를 예뻐하셨고, 흔들리는 나의 이빨을 손으로 직접 뽑아주셨던 좋은 기억들만 내게 남아 있다.

당시 할머니의 대소변을 받아서 처리할 수 있는 유일한 아이가 나였는데, 물론 유쾌하지는 않았지만 더럽다는 생각도, 힘들다는 생각도 들지 않았다. 내가 할머니를 위해 할 수 있는 일이라는 것이 좋았다. 그런 나의 마음을 할머니도 아시는지 '우리 미야, 우리 미야' 하며 내 머리를 쓰다듬으며 무척이나 예뻐해 주신 기억이 아직도 생생하다.

그런 할머니의 영향이었을까? 간호학과를 선택한 나는 서울에서 시작된 병원 생활에서 암 투병 중인 고령의 환자분들의 대소변을 치워주는 유일한 간호사였다. 나는 환자들이 모두 가족같이 생각되었고 할머니를 떠올리며 진심으로 보살펴드렸다.

병원 생활은 생각했던 것만큼 쉽지는 않았다. 생사를 넘나드는 중증 환자들을 보면서 위태롭고 가슴이 아팠다. 내 부모, 내 친구, 내 동생으로 생각되었고 그들이 '살려달라'며 몸부림치다 세상을 떠나는 날에는 깊은 슬픔에 잠겼다. 그때 깨달았다. '부모님도 다른 가족들도 모두 살아있을 때 잘해주자'라는 생각을….

사실 당시 힘들었던 건 선임 간호사들의 횡포였다. 난 버티지 못할 정도는 아니었지만, 함께 입사한 동료 중 절반 이상이 반년을 넘기지 못하고 이직했다. 출근하는 길이 지옥같이 느껴지고, 도망가고 싶고, 높은 곳에 올라가면 뛰어내리고 싶은 충동이 든다는 고백과 함께 사직서를 제출했다. 세간에 회자 된 간호사들의 '태움'으로 많은 사람이 상처를 받고 떠났다. 여자들의 괴롭힘은 군대 선후임 간의 '갈굼' 문화와는 또 다른 형태의 고문 같다. 그 속에서 나는 예전이나 지금이나 잘 버텨내고 있다.

그때 나를 버틸 수 있게 했던 것은, 결코 많지도 적지도 않은 월급을 받아 부모님께 다만 얼마라도 보내 드릴 수 있다는 즐거움과 나만의 꿈이 있었기 때문이었다. 당시에는 미국 간호사 자격증을 취득해 미국에서 병원 생활을 하며 석박사 공부를 하고, 이후 국내로 들어와 대학교수를 하겠다는 목표가 있었다. 간호사라는 직업이 내 적성과 잘 맞는다고 생각하면서 말이다.

서울로 무작정 올라오면서 목돈이 없어 세간살이 거의 없는 옥

탑방 월세에서 살게 된 나는 인터넷 검색이나 논문작성을 위한 자료 수집을 위해 병원 인근 PC방을 자주 이용했었다. 그날도 논문 자료를 검색하기 위해 들렀던 PC방에서 정말 우연히 보게 된 '여군모집 공고', 그것이 또 다른 내 인생을 결정한 중요한 계기가 되었다.

지원서 제출 일자가 거의 임박해 있었고 당시 나는 알 수 없는 강한 끌림을 느꼈다. 고등학교 시절 병영체험이 떠오르며 꼭 한번은 해보고 싶었던 경험이라는 생각과 함께 고민과 결심이라고 할 것도 없이 지원했다. 무모한 시도일지 모른다는 생각도 있었지만, 시도조차 해보지 않으면 평생 후회할 것 같았다.

군에 대한 일면의 배경지식도 없었던 나는 병무청 직원에게 "병과가 뭐에요?" 등을 물어가면서 지원서를 작성했다. 그 직원은 병과가 뭐냐고 질문하는 나를 어이 없다는 듯이 쳐다보면서도 나의 질문에 모두 답해주었다. 지금 생각해보면 답을 했다기보다는 대꾸를 한 것으로 생각된다. "군대는 보병이 최고죠."라는 그 직원의 한 마디 대답으로 나는 보병 병과를 선택했다. 그리고 당시에는 보병의 '보'자가 '걸을 보'라는 것을 몰랐고, 그 선택으로 인해 나는 20년이 넘도록 걷고 또 걸었다.

지원서를 제출했지만, '체력검정을 통과할 수 있을까?' 하는 생각에 합격을 확신할 수 없어 부모님께 지원 사실을 알리지 않았다. 팔굽혀 펴기, 윗몸 일으키기, 오래달리기가 보통 여자들이 평소에

충성! 저는 밀리터리 맘이지 말입니다

하는 운동이 아니다 보니 단시간의 준비로 좋은 결과를 기대할 수 없었기에 그리 희망적이지 않다고 생각했다.

짧은 시간 준비에도 불구하고 전 종목 합격은 했지만, 수준은 지원자들 중 거의 꼴찌였다. 나중에 알게 된 사실이지만 동기 중 다수가 군에 입대하기 위해 2~3번, 심지어 4번 재수를 하며 지원한 이들도 여럿 있었다고 했다. 그런 그들과 경쟁이 되었겠는가.

예상대로 결과는 예비 합격 후보 2번, 꾸준히 준비해 온 자를 당해낼 수 있으랴. 실망하며, 그렇게 병원 생활을 하던 중 뜻밖의 연락을 받았다. 합격자 중 입학을 포기한 이가 있는데, 입학하겠냐는 것이었다. 그 길로 나는 긴 머리를 짧게 자르고 부모님께 통보하듯 입대 사실을 알리고, 앞을 예측할 수도 없는 군대 생활을 시작했다.

TIP BOX

그렇게 나는 사람을 살리는 간호사에서 사람(적)을 죽여야 하는 군인이 되었다. 언젠가 어렴풋이 꿈꾸었던 것을 현실로 만드는 용기와 무모하다 싶은 도전이 결국 인생이 될 수도 있다는 것. 가보면 실패할지언정 가보지도 않고 후회하지는 말아야 한다.

들어올 땐 턱걸이
나갈 땐 1등 (군번은 성적순)

내가 입대할 당시에 여자 군인은 매우 적었고, 장교의 경우 군에 들어갈 방법 또한 4년제 대학을 마친 후 1년에 한 번 지원이 가능한 '여군사관'이 유일했다. 그러다 보니 여군들이 군에 들어가기 위해 2수, 3수, 4수(2~4년)를 하면서 준비하는 사람이 많았다.

입대를 준비하는 사람들의 모습은 다양했다. 나처럼 직장을 다니면서 또 어떤 사람은 대학원 공부를 하면서 군에 대한 꿈을 키우고 있었다. 입대 이유 또한 제각각이었다. 전역 후 대기업에 입사할 때 가산점을 얻기 위해 또는 군 출신을 우대해주는 나라에 유학을 가기 위해 등등 다양한 이유로 모인 사람들이었다.

어찌 되었든 칠전팔기 정신으로 도전한 동기들에 비해 턱없이 부족한 준비 탓이었을까. 여군학교(국방부) 입교 당일부터 매일 죽

충성! 저는 밀리터리 맘이지 말입니다

을 것 같은 고통을 느꼈다. 일부러 자원하여 군에 입대하지 않는 한, 운동선수 출신이 아니라면 통상의 여자들이 평생 살면서 경험하기 힘든 체력의 한계를 매일 매일 경험했다.

즉, 각 잡힌 생활과 주어진 시간 내에 식사를 끝내야 했으며, 사적인 대화는 할 수 없고 모든 것이 명령이었다. 물론 명령에 대한 복창도 목에서 피가 날 것처럼 소리를 질러 대야 했다. 무엇보다 그냥 들기도 무거운 전투화를 신고 달리기를 해야 하는 것이 낯설고 힘들었다.

특히 오래달리기는 극한 고통이었다. 다른 동기들은 모두 다 잘하는 것 같은데, '왜 나만 이렇게 힘들지?' '과연 내가 이곳에서 끝까지 버틸 수 있을까?'라는 두려움이 나날이 커져 갔다. 그 두려움은 점점 공포가 되어 시작도 전에 심장이 뛰고 토할 것 같은 울렁거림을 느꼈다.

앞을 예측할 수도 없는 막막함 속에서 순간의 고통이 더해져 더는 버틸 수 없을 것 같은 두려움이 밀려왔다. '간호사로 잘 지내다 느닷없이 왜 군대에 왔지? 이건 객기에 가까운 모험이다', '대학병원 간호사도 나름대로 알아주는 직업이고 돈도 잘 버는데 굳이 왜 이걸 하겠다고 여기에 왔을까'라며 급기야는 '더 늦기 전에 여기를 나가야겠다.'라는 결론에 이르렀다.

제대로 쳐다보지도 못했던 공포의 학생대장님께 용기를 내어 '더는 힘들어서 못 하겠다.'라며 포기 의사를 밝혔다. 수십 번 고민하고 망설이다 용기를 내었지만, 불호령을 내릴 것이 자명한 사실이라고 여겼는데, 짐작과는 달리 '포기하지 마라. 넌 누구보다 잘할 수 있다고 내가 보증한다.'라며 무한신뢰와 응원의 답변을 해주시는 것이 아닌가. 그 한마디에 다시 마음에 동요가 일었다.

아마도 육체적 고통을 벗어나기 위해 준비가 부족했던 나의 섣부른 선택을 핑계 삼아 도망치려는 나에 대한 실망감과, 나의 가능성에 대한 확신을 주기를 바라는 마음 두 가지를 간파하셨던 것 같다. 그렇게 보기 좋게 탈출에 실패했다.

이제는 되돌릴 수 없다는 생각에 '어떻게든 버텨야 한다.'는 학생대장님의 말을 믿고 죽어라 연습하고 훈련했다. 스트레스 때문인지, 과도한 신체활동 때문인지 식욕이 늘어(폭식 수준) 햄버거(군대리아) 4개를 먹어 치울 정도가 되었고 폭식 후 체력단련을 하며 구토하기를 수차례 했다.

면회 때 부모님께서 가져오신 초코파이와 과자들을 몰래 숨겨두었다가 틈틈이 꺼내어 먹었다. 군대에 오면 초코파이가 맛있어지는 이유를 지금도 알 수는 없지만, 불변의 진리임은 확실하다.

나는 일과시간과 토론시간을 제외하고는 오로지 체력단련에 매달렸다. 이론 시험을 앞두고 모든 동기들이 책상에 앉아 공부하고 있을 때도 나는 달리기를 했다. 그런데도 나는 필기시험에서는 거의 모든 과목 만점을 받았다.

절대 머리가 좋아서가 아니다. 대학 시절 공부한 영향이 있었다.

간호학과의 과목들은 모두 엄청난 분량의 암기를 해야 한다. 해부학, 보건학, 질병학, 약학 등 두꺼운 책을 모두 암기하고 시험은 백지를 주고 기술하도록 하는 형식이다 보니 외우는 데는 어느 정도 자신이 있었다.

대학 학과목과 비교하면 기초군사학은 기본 이론을 개관하는 수준의 내용이다 보니 양도 많지 않아서 마음만 먹으면 수업이 끝날 때쯤 모두 암기할 수 있었다. 그리고 체력단련을 하면서 암기한 내용을 상기하는 형식으로 공부를 했다. 그래서 다른 동기들에 비해 책상에 앉아 있는 시간은 적었지만, 필기시험 결과는 좋을 수 있었다. 하지만 몸으로 익히는 것이 더디었던 나는 사격이나 각개전투는 불합격을 거듭하다 거의 마지막에 합격했다.

딱히 잘하는 것도 없고, 그렇다고 못 하는 것도 없는 평범한 사람이었던 나는 남들만큼은 하겠다는 생각으로 열심히 했다. 그렇게 매 순간 예측된 고통의 훈련을 버티고 버텨온 결과는 예상 밖이었다.

수석 임관이었다. 그저 평범한, 아니 사실 좀 많이 부족해서 후보로 입학한 내가 1등을 한 것이다. 여군사관 46기 군번은 나로부터 시작한다. 당시에 군번은 성적순이었기 때문에…. 그렇게 나도 할 수 있다는 자신감이 조금씩 생겨나고 있었다.

TIP BOX

즉흥적이고 무모하다 싶은 도전이었다. 내 선택에 대한 확신이 없어 몇 번을 포기하려고도 했었지만, 하루하루 버티다 보니 20년을 넘어서고 있다. 어쩌면 인생은 버티기 그 자체인지도 모르겠다. 그러니 지금 힘들다고 생각되더라도 될 때까지 한번 버텨보자. 어떻게든 결론은 날 테니까.

충성! 저는 밀리터리 맘이지 말입니다

뱁새가
황새를 앞서갈 수도

기초군사훈련이 끝나고 병과학교에 입교한 나는 산 너머 더 큰 산에 맞닥뜨렸다. 보병 병과 남군들과 함께 교육을 받게 된 것이다. 군인이라면 누구나 한 번쯤 거쳐 가는 상무대, 그곳에는 여러 병과학교가 모여 있었는데 보병학교는 한참 동안 오르막을 올라야 하는 곳에 자리 잡고 있었다.

보병이 어떤 병과인지 제대로 실감하는 순간이었다. 아침에 눈을 뜨면서부터 달리고 또 달리고, 훈련이든 종교행사든 우리는 무조건 걷거나 뛰어야 했다. 마라톤을 하다 온 어떤 동기는 남군보다도 월등한 체력을 자랑하기도 했지만, 대다수는 체력의 한계를 다시 한번 경험하고 훈련이 필요함을 절실히 느꼈다.

평균적으로 체격이 작은 여군들은 남군들과 보조를 맞추기 위해서는 그들이 한 발짝 내디딜 때 두세 발짝을 내디뎌야 했고, 체격이 왜소한 일부 동기는 보폭을 크게 하느라 골반이 틀어진 이들도 있었다. 처음에는 다들 죽을 것 같다고 했지만, 사람은 적응의 동물이라 했던가. 서서히 체력도 늘어가고 남군들과 함께 하는 것에 적응되어갔다.

하지만 나는 아니었다. 여군학교에서 얻은 자신감은 온데간데없이 또 한 번의 고비가 찾아왔다. 여군학교에서도 동기에 비해 체력이 나빴지만, 나름의 노력 끝에 비슷한 수준으로 임관을 하였는데, 이곳에서는 남군들과 함께 훈련을 받아야 하는 상황이 또 한 번 나를 좌절하게 했다.

다른 동기들은 모두 잘 적응해가는 것처럼 보이는데 나만 힘든 것 같고, 앞으로 어떤 힘든 훈련과 교육이 닥쳐올지 모르는 막연한 불안감에 한편으로 또 포기하고 싶은 생각이 피어오르고 있었다.

이 심경을 어디에 어떻게 표현해야 할지 몰라 가까스로 참고 있을 때 교육연대장님과 면담을 할 기회가 생겼다. 지금이 기회다 싶어 퇴소하고 싶다는 뜻을 전달했는데 돌아온 답변은 '임관을 했으니 사고 치지 않는 이상 못 나간다'였다. 지금 생각해보면 연대장님께서는 가벼운 유머를 하셨던 것 같은데 나는 세상 최고로 진지한 고민을 할 수밖에 없었고, '불명예스럽게 나갈 수는 없다'라는 결론에 이르렀다.

그렇게 두 번째 탈출 시도도 실패로 돌아가고 다시 생각했다. 피할 수 없다면 극복하려고 노력이라도 해야 한다. 그리고 나는 여군 46기 수석이다. 내가 포기하면 동기의 명예를 먹칠하게 된다. 다시 마음을 고쳐먹고 고난의 행군을 시작했다.

군대에는 '동기가 최고'라는 말이 있다. 그 말은 경험해 보지 않으면 모를 것이다. 167cm의 신장에 그냥 외형적으로 보기에는 매우 건강해 보이는 내가 체력이 약한 건지, 의지가 약한 건지 모를 허약함으로 항상 죽을 것 같은 고통을 느꼈고, 그럴 때마다 짐을 나눠주는 동기들이 있었다.

항상 받기만 하는 것 같아 미안한 나에게도 동기들을 도와줄 기회가 전혀 없던 것은 아니었다. 바로 간호사 출신이라는 경력이다. 군대 훈련 간에는 잦은 사고와 응급상황이 많이 발생하기 마련이다. 뜀 걸음을 하다 호흡곤란이 오거나, 열사병에 쓰러지거나, 운동하다 골절을 당하거나, 벌이나 뱀에 물리는 등의 사고 말이다. 그럴 때면 항상 내가 먼저 달려가 응급처치를 했다.

호흡곤란이 온 동기에게 심폐소생술을 하기도 하고, 쓰러진 동기를 그늘로 옮겨 다리를 올려주면서 혈액순환을 돕기도 했다. 골절을 당했을 때는 부위를 보존하면서 부가적인 문제가 생기지 않도록 간단한 응급처치를 하면서 재능기부를 할 수 있었다. 받기만 하던 내가 누군가를 도와줄 수 있다는 것에 행복했다.

이곳에서도 이론 교육은 그리 어렵지 않았다. 생소한 내용이지만 분량도 많지 않고 암기 위주의 교육이다 보니 나의 암기 재능을 발휘하기에 큰 문제가 없었다. 체력이 약해 항상 걱정거리이던 나였지만, 체력을 일단 합격하면 체력 점수는 동일하기 때문에, 필기시험 성적이 좋은 내가 유리할 수밖에 없었다.

그렇게 하루하루를 버텨 교육이 끝날 때쯤에는 체력도 어느 정도 수준이 올라 동기들과 나란히 결승점에 들어올 수 있는 정도가 되었고 자신감도 생겼다. 그런 내가 뜻밖에 또 교육수료 1등의 영광을 안았다. 기초군사훈련도, 이곳 보병학교도 모두 영광스러운 순간을 함께 만들어 준 동기들이 있어 가능했다.

TIP BOX

여자와 남자는 친구가 될 수 없다는 말이 있지만, 군대의 남자 사람 친구는 목숨을 나눈 전우다. 힘든 고비 때마다 자신의 무게에 더한 나의 무거운 등을 밀어주고, 군장을 대신 짊어져 준 눈물 나는 전우애가 지금의 나를 있게 했다. 그래서 나 또한 군 생활 내내 누군가의 짐을 나누어 주는 사람이 되고자 노력하고 있다. 고통을 함께한 동질감이 남녀 사이의 차이를 메꾸어 진정한 친구로 이어지게 하듯, 함께 살아가는 것이 인생의 공식일지도 모른다.

악으로 깡으로,
절대 눈물만은 안 돼!

'올빼미'를 아시나요? 군대를 거쳐 갔거나 군대를 주제로 한 드라마나 개그를 단 한 번이라도 본 적이 있다면 들어보았을 법한 말이다.

"○○번 올빼미, ○○ 준비 끝."

올빼미는 남녀가 없다. 모든 대화의 시작과 끝은 '알겠습니까?'와 '실시'라는 말뿐인 곳에서 유격훈련을 받게 되었다.

피 튀긴다는 PT 체조를 시작으로 앉았다, 일어났다, 기어가다, 좌우로 구르기를 무한 반복했던 곳, '생각'이라는 것을 할 겨를이 없이 몸을 움직여야 하는 그곳에서 일 주간의 훈련을 시작하는 날 두려움에 심장이 아파져 오는 걸 느꼈다.

유격훈련장의 장애물 훈련을 하는 곳은 모두 남자 신체에 맞추어져 있었다. 그렇다고 훈련을 안 할 수 없으니 위험한 상황도 많이 생겼다. 하지만 누구도 걱정하거나 동정하지 않았다. 스스로 극복하도록 내버려 두었다.

그런 훈련장에서 각종 장애물 코스에 이르면 소수인 여군들에게 먼저 하도록 지시를 했다. 담력을 시험하는 것인지, 남자들의 훈련 의지를 자극하기 위한 것인지 모를 일이었지만 항상 팀 내에서 제일 먼저 훈련코스를 통과하는 건 여군들이었다.

그중 산꼭대기에서 활차를 타고 내려와 강에 착지하는 훈련이 있었다. 이 훈련은 빈번하게 사망사고가 일어나는 어려운 코스다. 남군들도 선뜻 훈련하기를 꺼리고, 강도가 약한 코스에서 훈련받겠다고 하는 그런 코스였다. 그 코스에서 나는 1번으로 통과하겠다고 손을 들었다. 지금도 왜 그랬는지 모르겠다. 다른 사람들이 하는 걸 보면 더 못할 것 같아서였는지, 객기였는지 모르지만 보기 좋게 성공했고, 자연스럽게 우리 팀원들은 모두 최고 난이도의 코스를 멋지게 완주했다.

외줄타기 훈련에 대한 기억도 생생하다. 안전로프 없이 외줄에 의지해 균형을 잡고 팔의 힘과 다리의 미는 힘만으로 앞으로 가야한다. 아래를 보면 절벽 낭떠러지이고 동아줄로 만든 그물만 덩그러니 있는 그런 곳에서 중심을 잡고 통과해야 했다. 두렵고 힘들었

충성! 저는 밀리터리 맘이지 말입니다

던 기억이 생생하다 훈련이 끝나고 난 후 목에서부터 다리까지 몸 중앙으로 시퍼런 멍줄이 생겨 있었다.

뭐니 뭐니 해도 유격의 하이라이트는 행군이다. 20kg 남짓한 군장을 메고 이 산에서 저 산으로 2박 3일간 철야 행군을 한다. 철모의 무게로 고개는 자꾸 떨구어지고, 군장 무게가 어깨의 뼈를 눌러 시퍼렇게 멍든 어깨의 통증은 점점 커지고 다리는 퉁퉁 부어 천근만근이 되었다.

행군 중간에 도피 탈출이라는 훈련도 있었다. 일명 포로체험. 말 그대로 적에게 포로로 잡혔을 때 당할 고문을 미리 경험하고 견디는 훈련을 하는 곳이다. 횃불을 피워 수용소 같은 분위기를 만들어놓고 북한군 복장을 한 조교들이 북한말을 써가며 고문을 한다. 주리 틀기, 전기충격, 발바닥 때리기 등등.

난 주리 틀기 고문을 체험했다. 처음에는 설마 진짜로 할까 했지만 진짜였다. TV에서 본 듯한 형틀의자에 나를 앉히더니 다리를 묶었다. 그리고는 허벅지 사이로 긴 나무막대를 교차시켜 넣어 조교들이 양쪽에서 잡고 아래로 내리눌렀다.

나무막대가 허벅지 살을 눌러 짓이겨지는 것 같은 고통을 느꼈고 태어나서 가장 큰 소리로 비명을 질러 댔다. 급기야 욕까지 해가며 그만하라고 소리쳤다. 동료들이 고문받는 모습을 지켜보라고도 했다. 내가 아픈 것도 고통이지만 동료의 아픔을 지켜보는 것도 고통이었다.

그 와중에 생각했다. 실제로 전쟁 중에 포로가 되어 고문을 당하게 된다면 내가 견뎌낼 수 있을까? 이건 쉽게 장담할 수 있는 문제가 아니었다. 포로가 되지 않기 위해 더 열심히 훈련하고 체력을 단련시켜야 한다는 생각이 들었다. 그리고 생각이 꼬리를 물어 일제강점기 시절 항일투쟁을 하며 고문을 당하면서도 나라와 절개를 지킨 선조들을 떠올리며 탄식했다.

포로체험이 끝나고 다시 야간행군을 시작하는 나의 모습은 말그대로 만신창이였다. 온몸이 멍투성이인 데다 허벅지와 종아리는 고문체험과 유격으로 퉁퉁 부어올라 평소의 두 배 크기가 되어 있었다. 그 와중에도 극도의 피로감에 졸음이 밀려와 깜빡깜빡 졸면서 걷고 또 걸었다.

2박 3일간의 행군을 마지막으로 유격훈련이 끝나갈 때쯤 훈련내 단 한 번 포기하지도, 눈물을 보이지도 않고 잘 버틴 나 자신이 너무 대견스럽고 자랑스러웠다. 체력은 좀 부족하지만 독하기로는 둘째가라면 서러운 나였으니까. 그렇게 또 한 번의 고비를 넘기고 있었다.

나 자신을 위로하고 칭찬하며 훈련을 마무리하고 있을 때 뜻밖의 소식을 들었다. 유격훈련에서 1등을 했다는 것이다. 누가 더 잘하고 잘 못 할 것도 없는 이곳에서 포기하지 않은 것만으로 모든 사람이 상을 받아야 한다고 생각했다. 앞에 나가 상을 받으며 또다시 결심했다. 끝까지 해보자.

그렇게 나는 서서히 황무지 같은 야전으로 나가기 위한 준비를 하고 있었다. 육체적인 고통을 견디고 자신과 싸움에서 이기는 습관으로 매 순간 닥쳐올 새로운 시련을 견뎌낼 단련을 하고 있었다.

TIP BOX

군 생활 전부를 돌이켜보면 지금은 해피엔딩의 추억이 되었지만, 매 순간 고통이었던 그때… 악으로 깡으로… 그 시간을 버틸 수 있었던 것은 생사를 함께 하는 동기들과, '여군도 할 수 있다'라는 것을 증명해 보이겠다는 굳은 결심과 사명감의 선구자 정신 때문이었다.

시련, 현실을 직시해!
현실을 직시하고
정면으로 승부하라!

세상의 반이 여자라는데,
내 주변엔 한 명도 없어

교육을 마친 후 자신감에 충만해 내가 받은 첫 보직은 원주에 있는 ○○사단 신병교육대 소대장이었다. 당시 몇 안 되는 여군들이 갈 수 있는 곳은 한정되어 있었다. 보병 병과 여군 장교들은 신교대 소대장으로 보직되었다. 이것저것 찬밥 더운밥 가릴 것이 없었다. 기대 반 두려움 반, 앞으로 과연 어떤 일이 나를 기다리고 있을까 하는 생각을 하며 야전생활을 시작했다.

사단 내 그 많은 사람 중 여군은 단 3명에 불과했고, 내가 속한 신교대에는 나 이외에 여자는 단 한 명도 없었다. 국방의 의무는 대한민국에서 남자들에게만 주어지는 것이니만큼 모든 것이 남성 위주일 수밖에 없었다. 짐작은 했지만, 현실은 그보다 훨씬 더 낯설고 불편했다.

그렇다고 몇백 명 중 한 명인 나를 위해 별도 시설을 만들어 달라고 할 수는 없는 거 아니겠는가? 그러다 보니 자연스럽게 생리현상을 참는 습관이 생겼다. 물론 음식은 최소한으로, 물은 거의 먹지 않았다. 당시 나는 신경 쓰이는 이방인이 되지 않기 위해 어떤 요구나 불만도 드러내지 않았다. 화장실도 한 칸만 내어주면 그걸로 만족했고, 샤워는 모두 취침에 들고난 후 그때 하면 되었다.

내가 곧 여군 전체를 대표한다는 생각, 내가 잘못하면 '여군들은 이래서 안 돼.'라는 소리를 들을 수도 있다는 생각, 이 모든 것이 우리가 품고 있는 생각들이었다. 누가 시킨 것도 아닌데 자연스럽게 그런 마음이 들었다. 그래서 무엇이든 시키면 다 잘하려고 노력했다.

신병교육대 소대장이었지만 여군장교라는 상징성 때문이었을까, 사단의 각종 행사에 지원하는 임무들이 부가되어 생겼다. 물론 그런 임무들이 싫지 않았다. 사단 위문열차 공연 간 장기자랑 심사위원, 독신 숙소 및 소대장 생(生) 취재 등도 응해본 경험이 있다.

나는 그것을 기회라 여기고 나를 알릴 수 있는 좋은 이미지를 남기기 위해 노력했다. 튀지 않으려 노력해도 자연스럽게 눈에 띌 수밖에 없는 그런 존재였지만 눈에 띄더라도 눈 밖에 나지는 말아야지 하면서 조심조심 생활했다.

군 생활 시작부터 지금까지 나는 새벽 5시면 눈을 뜬다. 당시에도 새벽 5시에 일어나 6시가 되기 전에 가장 먼저 출근을 했다. 간

충성! 저는 밀리터리 맘이지 말입니다

부 사무실을 간단히 청소한 후에 소대 생활관에 들어가 훈련병들이 기상 나팔소리에 잠이 깰 때 생활관에 있었고 건강상태를 확인한 후에 일과를 시작하였다.

일과를 마친 후에도 개인정비 지도 및 수기로 작성했던 생활지도기록부 정리, 다음날 교육준비 등으로 야근을 하면서 병사들이 취침에 들 때도 나는 생활관에 있었다. 그리고 통상 밤 11시 전후에 퇴근했다. 잘하고 싶다는 생각뿐이었다.

하루는 너무 피곤해서 한시라도 빨리 잠자리에 들고 싶어 밤늦게 뛰어서 퇴근하다 넘어졌다. 빨리 뛰다 보니 탄력이 붙어 약간의 공중부양 후에 꽝 하고 바닥에 엎어졌다. 무릎과 팔꿈치에 심한 통증을 느꼈지만, 당시에는 누가 볼까 걱정하며 벌떡 일어나 다시 내달려 숙소에 도착했다.

집에 와서 보니 무릎은 전투복에 구멍이 나면서 살점이 떨어져 나가 피가 흐르다 응고되어 있었고 팔꿈치도 마찬가지로 심하게 상처가 나 있었다. 그것을 본 나는 알 수 없는 눈물이 흘러내렸다. 무릎 상처가 아파서라기보다 오로지 혼자서 모든 고단함을 이겨내야 하는 나의 처지가 서러웠던 건 아니었을까?

낯선 환경과 바쁜 생활에 적응되어 갈 때쯤 심한 우울감을 느꼈다. 부대에서도 집에서도 터놓고 말할 사람이 없었다. 힘들다고 외롭다고 솔직히 말하면 관심 간부가 될 것 같은 두려움도 있었다. 주변 사람들이 모두 응원하고 잘해주었지만 같은 성(여성)을 가진 사람이 단 한 명만 있어도 좋겠다는 생각이 간절했다.

TIP BOX

살다 보면 때로는 철저하게 혼자라고 느껴질 때가 있다. 나만 이방
인처럼 느껴지고 나의 힘듦을 나누어 줄 사람이 단 하나도 없어 혼
자서 모든 고단함을 이겨내야 한다는 압박감 속에 숨을 쉬기 힘들
다고 생각할 때도 있을 것이다. 그런 순간이 온다면 그것은 아마도
당신이 개척자의 길을 가고 있는 순간일 확률이 높다. 그럴 때일수
록 더욱 이를 악물고 버텨야 한다. 그 순간을 이겨낸 당신은 반드시
누군가의 희망이자 위로가 될 테니까.

충성! 저는 밀리터리 맘이지 말입니다

여자라고
무시하면 어쩌지!

제각기 사람들이 모인 훈련소, 무슨 일을 하다 왔는지 어디에서 왔는지 모를 사람들이 모여들었지만 그들의 공통점은 남자였다. 그런 남자를 통제해야 하는 유일한 여자인 나는 '여자라고 무시하면 어쩌지'라는 조바심과 불안한 마음을 애써 감추고 있었다.

누가 뭐라고 하지도 않았는데 혼자만의 생각으로 인상을 팍팍 쓰고, 눈을 위아래로 부라리는가 하면 소리를 버럭버럭 질러 대는 욕 잘하는 소대장의 이미지로 나를 만들어가고 있었다. 약해 보이면 안 된다는 생각에서 시작해 남자처럼 거칠게 보여야 한다는 생각에 이르렀다.

첫 훈련병 입소 때였다. 훈련소에 갓 입소한 사람들이 나를 보고 수군대기 시작했다.

"저기 여자 아니야? 맞지? 훈련소에 여군이 있네."

힐끔힐끔 쳐다보고 있었다. 푹 눌러쓴 교관 모자 아래로 꼭 다문 입술에 자연스럽게 힘이 들어갔다. 미리 짜인 각본처럼 나는 스스로 악역을 담당했다. 보란 듯이 모든 교관과 조교들을 내 뒤에 병풍처럼 세워놓고 절도 있는 목소리로 훈련소 생활을 설명했다. 대답 소리가 적다는 이유로 간단한 체력단련(얼차려)을 시키기도 하면서 입소식을 마쳤다. 그렇게 기선 제압에 성공한 나는 여군 소대장으로서 첫 임무를 시작했다.

내가 있던 신교대에서는 현역뿐만 아니라 보충역들의 훈련도 담당하고 있었다. 보충역 훈련병들의 신분은 그야말로 천차만별이었다. 입대를 위해 자진 귀국한 하버드 대학생부터 동네 깡패와 조직폭력배까지 다 있었다. 그들을 한곳에 모아 놓고 전우애를 가르치며 훈련을 시킨다는 것은 쉽지 않은 일이었다.

어느 날 원주에서 가장 잘나가는 조직폭력배 두목이 훈련병으로 입소했다. 정말 원치 않았지만 공교롭게도 내 소대에 배정이 되었다. 생활관에 앉혀 두고 조교들이 내무생활의 원칙을 설명하면서 시작된 훈련소 생활, 그 훈련병은 누가 뭐라고 할 것도 없이 자연스럽게 생활관의 우두머리가 되어 있었다.

조교에게 장난을 치며 웃기도 하고, 통제를 따르라는 말에 반박하고 '못 하겠다'라며 자신의 힘을 과시했다. 그 훈련병을 길들여

충성! 저는 밀리터리 맘이지 말입니다

야 했다. 강한 자에게 더 강함으로 맞서야 한다는 생각으로 실수하는 일이 있을 때마다 과한 질책과 벌을 주었다. 겉으로는 순응하는 것으로 보였다.

처음에는 그것이 답인 줄 알았다. 군에서 여자인 내가 살아남기 위해서 '남자 같은 여자'가 되어야 한다고 생각했다. 그래야 무시당하지 않을 수 있다고. 하지만 시간이 지나 알게 되었다. 억지스러운 강함은 절대 사람의 진심을 움직일 수 없다는 것을 말이다.

약 1년간 군 간부가 되기 위한 혹독한 훈련을 마친 나는 이미 동년배 평범한 남자들보다 체력이 월등히 좋았다. 점호 후 구보를 할때 맨 앞에서 구령을 넣고 군가를 부르면서 이끌 수 있었고, 행군하면서 낙오하는 훈련병의 군장을 대신 짊어지고도 완주할 수 있는 능력도 갖추었다.

윽박지르고 힘자랑을 하면서 리더가 되는 것은 아니었다. 함께 생활하면서 자연스럽게 보이는 나의 간부로서의 능력과 자질이 나를 여자가 아닌 소대장으로 인정하게 한다는 것을 깨달아 갔다.

또한, 간호사였던 경력을 살려 자연스럽게 훈련병들의 건강관리를 전담하게도 되었다. 시도 때도 없이 아프다는 아니 아프고 싶은 훈련병들의 진료가 부담스러워 꺼리는 군의관들과도 맞서야 했다. 중증과 경증을 분류하고 꼭 진료를 받아야 하는 인원들부터 먼저 의무대에 보냈다.

한 번은 나의 의학지식으로 봤을 때 결핵이 의심되는 훈련병이 있어 긴급히 진료를 보내 검사를 요청했다. 퇴근 시간이 다 되어가는 오후여서인지 군의관은 현재 증상이 경미한 것 같으니, '데리고 가서 좀 더 지켜보다가 심해지면 다시 보내라' 하며 훈련소로 돌려보낸 것이었다. 나는 곧바로 전화를 걸어 항의했다. '활동성 결핵이면 다른 인원들에게 전염시킬 수도 있는데, 책임질 수 있느냐?'라며 당장 검사하고 결과가 나올 때까지 입원시켜야 한다고 엄포를 놓았다. 잠시 후 전화가 와서 지금 바로 진료를 보고 의무대에 입원시키겠다는 것이었다.

며칠 뒤, 그 훈련병은 활동성 결핵 진단을 받았다. 하마터면 훈련소 전체가 결핵에 전염될 뻔했던 것을 내가 막았다는 생각에 자부심이 느껴졌다. 군과 전혀 무관한 줄 알았던 간호사 경력이 군에서도 도움이 된다는 생각에 뿌듯했다.

그후로도 간단한 상처 치료는 직접 했다. 훈련병들은 몸에 딱 맞지 않는 전투복을 입고 땀을 흘리다 보니 전투복에 살이 쓸려 사타구니에 습진이 많이 생겼다. 한번 생기면 잘 낫지를 않았다. 잠자는 시간을 제외하고는 전투복을 입고 땀을 흘릴 수밖에 없으니 당연한 일이었다. 약만 바른다고 낫는 게 아니다. 샤워와 개인정비를 마치고 점호 후 취침에 들기 전 습진이 생긴 부위에 소독하고, 연고를 바른 후 모포를 접어 다리 사이에 끼워 넣어 밤새 다리를 벌린 채로 잠을 자게 하였다. 습진 부위가 바람이 통하고 건조해질 수 있도록 임시조치를 취한 것이다. 그렇게 자연스럽게 나는 그들

충성! 저는 밀리터리 맘이지 말입니다

의 소대장이 되어있었다. 억지로 권위를 세우려고 노력해서가 아
니었다.

TIP BOX

어느 조직에서든 성이 다르다는 이유로 서로에게 주는 불편함은 누
가 더 많고 적음의 문제가 아니다. 남자들만의 공간에 등장한 단 한
명의 여자로 인해 내가 느끼는 낯섦만큼 그들도 나로 인해 부자연
스럽고 불편하지 않겠는가? 그런데도 서로 조금씩 인정하면서 하
나가 되어 갔다. 앞으로는 군에도 여성의 비율이 높아질 수밖에 없
는 사회적 환경 속에서 이러한 배려와 양보는 더욱 절실하다. 또
한, 남녀가 꼭 같은 모습으로 살아갈 필요는 없다. 각자의 색깔과
장점을 살린 역할 다하기가 모여 군을 더욱 강하게 만들 것이라 확
신한다.

어항 속 금붕어,
연예인 병에 걸려

시간이 흘러 부대에 적응되어간다고 느낄 때쯤이었다. 개인 생활 없이 부대 생활이 전부였던 나에게 이상한 소문이 돌고 있다는 사실을 알게 되었다. 내가 밤이슬을 밟고 다닌다는…. 물론 이른 새벽 출근과 밤늦은 퇴근을 한 건 사실이지만 이건 그런 의미가 아니지 않은가? 열심히 생활하고 있는 나에게 응원과 위로는 고사하고 나쁜 얘기를 한다는 것이 억울하고 서러웠다.

　사단 내 유일한 여군이라는 이유로 각종 행사에 참석할 일이 많았고, 자연스럽게 많은 사람과 접할 수 있었다. 하지만 한 번 인사를 나눈 사람들 모두를 기억하지는 못했지만, 나를 한 번이라도 본 사람들은 나를 기억했던 것 같다. 가만히 있어도 눈에 띄는 사람에 대한 자연스러운 관심이었겠지만 부담스러움을 넘어 압박감마저 들었다.

'어제 몇 시에 ○○가게에서 검은 봉지를 들고나오더라.' '누구 차 타고 어디로 가던데 어디 다녀 왔어?'라며 가볍게 인사말을 건네는 사람들의 관심이 고맙지만은 않았다. 동료들과 부대 밖에서 밥이라도 먹고 들어오면 어김없이 교제한다는 소문이 따라다녔다. 누군가 나를 항상 지켜보고 있다는 스트레스가 점점 커졌다.

여군학교 시절 선배들과 교관님들이 자주 했던 말이 생각났다. 여군들은 '어항 속 금붕어' 같다고. 사방이 유리로 둘러싸여 많은 사람이 항상 나의 일거수일투족을 지켜보고 있다고 느껴진다. 기분이 썩 유쾌하지는 않았다. 불특정 다수의 관심이 오히려 나를 위축되게 만들었다. 심지어는 정신과 치료를 받아야 할 지경에 이르렀다. 연예인들이 겪는 트라우마가 이것과 유사할 것 같다는 생각이 들었다.

어쩌면 소수인 여군들을 보호라는 명목하에 지나친 관심과 부담스러운 통제를 했던 건 아닐까? 그것이 불필요한 오해를 불러 기괴한 소문까지 만들어 낸 것 같았다. 나만 모르고 다른 사람들은 다 알고 있는 상황, 더 황당한 것은 사실 여부를 묻거나 따지지도 않고 나의 해명을 요구하지도 않은 채 사실로 받아들여진 일들이 많았다는 점이다.

동기들에게 전화를 걸어 안부를 묻고 하소연을 했다. 놀랍게도 그녀들 역시 유사한 상황을 겪고 있었으며, 역시나 스트레스로 정신과 치료를 받는 이도 있었고, 그로 인해 전역을 결심한 이도 있었다. 여군이 많아지면 자연스럽게 해결될 일이었지만 한참 동안은 이겨내야 할 어려움이었다.

그러던 중, 십 년 선배가 부대로 전입해왔다. 선배는 기혼자이고 계급은 소령이었는데 독신자인 나와 함께 살고 싶다며 내 의사를 물어왔다. 이유는 결혼 후 임신이 되지 않아 불임 치료를 받고 임신이 되었는데, 입덧이 심해 잘 먹지도 못하고 몸이 매우 힘든 상황이어서 혼자 있기가 무섭다는 것이었다.

거절할 이유가 없었다. 너무 대선배여서 대화하기도 어려웠고 지금 쓰는 큰 방을 비워주고 작은 방을 써야 하는 등의 번거로움이 있었지만, 여군 선배와 함께 있을 수 있다는 것만으로 좋았다. 그렇게 우리의 동거가 시작되었다. 다행히도 선배와 같이 생활하는 동안 나의 도움이 필요할 정도의 위태로운 상황은 발생하지 않았다. 반대로 내가 선배의 도움을 많이 받았다. 나도 모르는 나에 대한 괴소문과 오해들을 듣고 직접 해명해주면서 나의 이미지를 바르게 만들어 주었다.

그런 경험에서일까? 나는 어디에 가든 여군 선배를 보면 뛰어가서 인사했다. 지금은 여군들이 많아져 지나가다 마주쳐도 자연스러울지 모르지만, 당시에는 여군 보기가 하늘의 별 보기보다 어려웠던 시절이었다. 여군 소위를 보는 날 복권을 사라는 말도 했을 정도였으니까 말이다.

간호사라는 직업이 여자들만의 전유물이었던 시절을 뒤로하고 지금은 남자간호사들도 제법 많아졌다. 의식이 없는 중증 환자들을 돌보기 위해 힘이 센 남자들이 필요했기 때문에, 필요에 의해 남자간호사를 모집했고 필요한 곳에 잘 활용하고 있다. 하지만 여자에 비해 턱없이 적은 수의 남자간호사들도 군에서 여군들이 겪는 것과 같은 동일한 경험을 할 것이다.

TIP BOX

다수의 여자 속에서 소수의 남자, 그 속에서 남자들도 외로움을 느끼고 힘들어한다. 성별의 차이를 떠나 소수라는 것이 갖는 특성으로 보호와 배려가 필요하지 않겠는가? 지금은 여군들이 많아졌다고 해도 100명 중 10명 정도이고, 아직 우리는 어디에서든 어항 속의 금붕어 같은 존재이다. 부담스럽고 힘든 건 사실이지만 인정하고 버텨내야 한다.

사방이 위험천만,
항상 도사리고 있는 위험

군대에만 존재하는 위험한 상황들이 있다. 신교대는 더욱 그렇다. 훈련되지 않은 훈련병들에게 총과 수류탄을 쥐여주어야 하기 때문이다. 사격, 행군, 수류탄 교육이 대표적인 것이다. 살면서 총을 만져볼 기회가 없었던 훈련병들에게 사격훈련을 시키는 일은 위험천만한 일이다.

아무리 많은 교육을 해도 총소리에 깜짝 놀라 총구를 돌리고, 시작도 하기 전에 몸을 떨며 눈물을 흘리는 이도 있다. 그러다 보니 교육하는 우리도 긴장할 수밖에 없다. 사격을 앞두고 간부들이 잠을 설치는 이유가 여기에 있다.

언제든 총구를 돌리면 나와 동료들을 향할 수 있다는 생각에 긴장의 끈을 놓을 수가 없다. 또한 훈련소 시절 잠깐의 시간으로 그 사람의 깊이를 알 수 없으니 무슨 생각을 하는지 잘 모른다는 것도 불안감을 키우는 이유 중 하나이다. 다행히도 내가 소대장으로 근무하던 중 사격으로 인한 사고를 직접 겪지는 않았다.

수류탄 훈련, 이것 또한 말 그대로 초긴장이다. 지금은 실제 수류탄 투척 훈련을 하지 않지만, 당시에는 실제 수류탄 투척 훈련을 했었다. 잠깐의 방심이 대형 사고로 이어질 수 있는 훈련이다. 사전 연습용 수류탄으로 무한 반복 훈련을 해도 실제 수류탄을 손에 쥐면 누구나 긴장하기 마련이다. 수많은 인원을 교육하면서 실전을 경험한 간부들도 긴장하기는 마찬가지이다. 이것은 누구를 막론하고 인간의 자연스러운 두려움과 공포일 것이다.

수류탄 훈련 중 인접 사로에서 사고가 발생했다. 훈련병이 '투척'이라는 구령에 손을 뒤로 뻗으면서 수류탄을 놓친 것이다. 순식간에 일어난 일이었다. 통제 교관의 "호 안에 수류탄"이라는 외침과 동시에 모든 인원이 고개를 숙였고 잠시 후 폭발음이 들렸다. 적막해진 훈련장, 고개를 숙이고 있는 짧은 순간에 온갖 생각이 떠올랐다.

사로를 통제하는 교관이 호 안에 떨어진 수류탄을 처치공으로 발로 차 넣은 후에 훈련병을 호 밖으로 던져내고 본인도 밖으로 몸을 던졌다. 파편이 튀고 사로 일부가 훼손되기는 했지만, 교관의 훌륭한 응급조치로 인명피해는 없었다. 본인의 목숨보다 훈련병을 먼저 살리겠다는 그의 의지가 이루어낸 일이었다. 그 일이 있고 난

뒤부터 수류탄 훈련을 앞두고는 잠을 설치게 되었고 죽음이 멀리 있지 않다는 생각이 들었다.

야간행군 간에도 인접 중대에서 사고가 있었다. 통상 행군을 하면서 도로를 지날 때는 갓길의 선 밖으로 훈련병들이 걷고 간부들은 차선 안쪽으로 들어와 통제할 수밖에 없다. 안전 통제관들이 별도로 있어 이중, 삼중 안전조치를 하지만 항상 위험한 순간이 생긴다. 그날도 여느 날과 다름없이 행군하던 중 반대편 차로에서 음주운전 차량이 중앙선을 넘어와 중대장을 친 것이다. 속도가 있어 사람을 친 반동에 핸들이 옆으로 꺾여 튕겨 나갔다. 중대장은 현장에서 즉사하였지만, 그 충격으로 차량의 방향이 바뀌어 추가적인 인명피해는 없었다.

당시 현장을 목격한 인원들은 이후에도 한참 동안 트라우마 치료를 받아야 했고, 소식을 전해 들은 우리도 어제까지 같이 웃고 대화했던 동료의 사망 소식에 충격을 금할 수 없었다. 반대편에서 달려온 차량을 중대장이 먼저 목격하고 자신의 몸으로 받아 부하들의 목숨을 구한 것이었다.

이렇게 항상 위험한 상황에 노출된 곳이 군대다. 전쟁이 없는 시절에도 군대는 항상 나라가 위험에 처한 순간, 그곳에 있었다. 물론 전쟁이 나면 그곳에서 우리는 목숨을 건다. 언제나 군인은 목숨을 내어놓고 살고 있다는 사실을 몸소 깨달아 가고 있었다.

TIP BOX

생각해보면 군대 뿐 아니라 인생을 살면서도 위험한 순간은 항상 있었다. 전쟁이 나지 않는 이상 오히려 군대의 위험은 예측 가능할 수 있지만, 삶의 위험은 그렇지 않은 것이 많다. 그 속에서 온전한 삶을 살아가기 위해서는 '닥쳐올 두려움을 떨쳐내고 위험을 이겨낼 수 있는 용기'와 요즘 젊은 사람들이 흔히 말하는 '존버 정신'이 아닐까 싶다.

남자 흉내내지 말고
내 색깔을 찾아!

처음에는 남자처럼 행동해야 군대에서 살아남을 수 있다고 생각했다. 군대식 말투, 목에 힘을 주어 내지르는 고성과 욕설을 따라 해야겠다고 생각했다. 간부로서 훈련을 받으며 길러진 체력과 정신력은 병사들을 훈련시키기에 충분했지만, 마음속에서는 여자라고 무시당할 것을 두려워하고 있었다.

소대장 임기를 마치고 신병교육대 본부중대장 임무를 맡게 되었다. 스무 명 남짓한 병사들을 관리하였는데, 그중 한 명이 관심을 두어야 하는 인원이었다. 불우한 가정환경을 비관하여 자살시도를 했던 이력이 있는 병사였고, 입대 후에도 적응하지 못하고 있었다. 항상 걱정스러운 병사였고, 혼자서 어떤 임무도 할 수 없는 인원이어서 항상 곁에 데리고 다니면서 관리를 했다.

그러던 어느 날 그 병사가 사라졌다. 부대 간부들이 부대 곳곳을 샅샅이 뒤지고 헌병(군사경찰)은 부대 밖으로 나가 그 병사를 찾아다녔다. 나는 그 병사가 절대 부대 밖으로 나갔을 리가 없다는 생각이 들었고, 부대 안을 샅샅이 찾아다녔지만 보이지 않았다. 그래도 나는 확신했다. 혹여라도 극단적인 선택을 하려고 한다면 그 전에 내게 꼭 전화할 것이라고….

하루가 지나 밤을 꼬박 새운 나에게 대대장님께서 정비하고 오도록 지시하셨다. 잠깐 집에 가 샤워를 하고 있는 동안 부대에서 전화가 왔다. 그 병사로부터 전화가 왔는데 다른 사람은 싫고 중대장과만 얘기하고 싶다고 요청했다는 것이다. 걸려온 번호로 전화를 걸었고 전화 받은 병사는 떨리는 목소리로 춥고 배가 고프다고 했다. 중대장님 핸드폰 번호가 생각이 안 나서 지금까지 전화를 못 했다며, 본인이 있는 곳을 알려주고 데리러 와 달라고 했다.

나는 요기할 것을 사서 병사가 있는 곳으로 갔다. 준비해간 옷을 입혀 따뜻하게 해 주고 요깃거리를 먹인 다음 부대로 데리고 들어왔다. 병사는 탈영을 결심했었지만 내 생각이 나서 갈 수가 없었다며 눈물을 흘렸고, 한참 동안 흐느꼈다. 부하가 탈영하였지만, 다행스럽게도 별다른 문제는 없었다. 그동안 진심을 다해 관리한 덕분에 더 큰 사고를 막을 수 있었다며 격려받았다.

만약 내가 남자 흉내를 내듯 했던 시절에 그 병사를 관리했다면 이런 사고를 막을 수 있었을까 반문했다. 누나같이 진심으로 배려하는 마음을 알았기 때문이었으리라. 이런저런 일을 겪으며 나는 남자 흉내내기를 그만두고 나만의 색깔을 가진 리더가 되기 위한 시간을 지나가고 있었다.

TIP BOX

시간이 지나면서 깨달았다. 결국 나는 남자가 될 수 없고 흉내만 내고 있다는 사실과, 남자 흉내를 내는 여군을 바라는 이도 없다는 사실을…. 순전한 자격지심과 피해의식에서 나온 나의 과오였다. 강하고 냉철해야만 할 것 같은 군대에서도 사람을 다루는 리더십은 딱딱할 필요가 없다. 오히려 진심을 담은 애정과 따뜻함이 사람의 마음을 움직일 수 있다.

충성! 저는 밀리터리 맘이지 말입니다

인내, 끝까지 버텨라!
피하지 마라! 물러서지 않으면
절반은 성공이다

금녀의 벽 허물기,
시험대에 오르다

소대장과 본부중대장 직책을 무사히 마치고 장기복무에 선발된 나
는 고군반 교육을 받게 되었다. 대위 계급에 맞는 직책(중대장) 수
행을 위한 보수교육 같은 것이다. 고군반 교육을 마친 후 받은 보
직은 향토사단 중대장이었다. 사실 당시에만 해도 여군들 대다수
가 신교대에서 근무했다. 신교대 소대장, 신교대 중대장. 유사한
길을 가게 될 것이라 생각했는데, 뜻밖에도 새로운 직책이 부여되
었다. 너무나 기뻤지만, 부담감이 밀려왔다. 시험대에 오른 것이다.

   사단장님께 보직신고를 한 후 간담회를 하면서 들려주신 말씀을
듣고 바로 실감할 수 있었다.

   "육군본부에서 고심 끝에 결정한 것이다. 여군 중 향토사단 중

대장 직책을 준 것이 처음이다. 상급부대에서도 잘 할 것이라는 믿음이 있으니 보직을 줬겠지만, 최 대위가 잘해야 한다. 여러 가지 제한사항이 많을 것이다. 여자라고 봐 줄 거라는 나약한 생각은 하지도 마라. 책임감과 최초라는 사명감을 가지고 최선을 다해 임무를 수행해라."

　이렇게 강조 또 강조하셨다. 당시에는 그런 말을 들어야 하는 것 자체가 서운하고 한편으로는 부담이었다. 그저 평범할 순 없다는 것이었다.

　엄청난 부담감을 안고 자대에 도착했지만, 벌써 세 번째 옮겨간 부대인데도 새로운 곳에 갈 때마다 낯설고 불편했다. 또한, 두렵기까지 했지만 절대 표시를 낼 수도 없었다. 도착해서 보니 그곳 부대에도 여자는 나 하나뿐이었다. 내 전임자는 부하들을 강압적으로 지휘했다는 이유로 보직해임을 당한 상황이었고 열 명 남짓한 병사들도 평범해 보이지는 않았다.

　'과연 할 수 있을까?' '병사들이 나를 좋아할까?' '아니 싫어하지만 않아도 좋겠다.' 이런 생각이 들었지만 내색하지 않으려 항상 웃는 표정을 지었다. 전임 중대장의 영향도 있었겠지만, 병사들이 너무 지쳐 있다는 생각이 들었다. 게다가 독특한 이력을 가진 선임들이 많아 건제 단위 내무반 생활을 하며 선후임 간 불신과 갈등도 심해져 있었다.

첫 대면 간 병사들도 여군 중대장의 등장에 당황스럽고 낯설었지만 싫지만은 않은 듯했다. 취임 후 병사들의 부모님들에게 안부 인사를 드리려 전화를 했을 때 부모님들은 중대장이 여자라는 사실에 매우 놀라면서도 마음이 놓인다고 하셨다. "어머, 중대장님이 여군이네요? 이제 안심이 되네요" 힘이 솟아나는 느낌이었다.

병사들을 안정화시키는 것이 가장 급선무였다. 기본적으로 함께하는 시간을 늘려야겠다고 생각했다. 일과 후에도 함께 운동을 하고 개인정비 시간에 TV도 보면서 이야기를 나누었다. 다행스럽게도 중대 병사들은 축구나 풋살 등 거친 운동보다는 헬스나 탁구를 좋아했다. 병사들에게 탁구를 배우며 시간을 함께 보냈다.

당시는 토요 휴무제가 아니었기 때문에 토요일 저녁 식사 시간에 퇴근하고, 일요일에도 순찰 겸 부대에 들어와 있었다. 운동이나 근무, 개인정비 시간에 자연스럽게 대화하면서 병사들의 성향을 파악하기 시작했다. 내무반에 수시로 들어가 담소를 나누며 병사들 상호간의 관계에 대해서도 알 수 있었다.

대대장님과 연대장님은 임기가 얼마 남지 않은 분들이셨고, 삼십 년 넘게 군 생활을 하셨지만, 여군지휘관을 부하로 두게 된 것이 처음이라 부담스러우실 법도 한데 전혀 그런 기색을 하지 않으셨다. 어떠한 차별 없이 균등한 기회를 주셨고 격려도 아끼지 않으셨다. 아버지 같은 따뜻함과 인정을 받으며 점점 자신감을 얻었다.

어느 조직이나 나름의 규칙이 있다. 중대장들 중에서 전입이 가장 늦은 내가 연대를 대표하는 각종 경연대회나 집체교육을 전담해야 했다. 다른 지휘관이었으면 여군이라는 것이 부담되어 맡기지 않았을 일이었지만 우리 지휘관은 달랐다. 연대 또는 대대 단위 경연대회나 집체교육은 모두 내가 전담하도록 기회를 주셨고 일체 간섭도 하지 않으셨다.

당시는 여군이라는 이유로 부담스러워 시키지 않는 경우가 많던 시절이었다. 그런데도 의식이 깨인 지휘관들 아래에서 간부로서의 길을 차근차근 걸어가고 있었다. 박격포, 기관총 사격도 전담했다. 하루, 이틀 사격을 하고 나면 사람 말소리는 들리지 않고 '윙' 하는 사이렌 소리 같은 것이 귀 안에서 맴돈다. 그래도 힘들거나 싫지 않았다. 이처럼 모든 평가를 할 때도 내가 가장 먼저 했던 것 같다.

전입 초기 간부식당에서 식사하던 중 연대장님께서 전입 중대장들에게 전입 인사를 하도록 지시하셨다. 건제 순으로 인사 멘트를 하기 시작했다. 처음 중대장이 소개를 마치자 박수를 치면서 연대장님께서 우스갯소리로 던진 한마디. "여기는 전입 신고할 때 노래를 불러야 한다." 중대장은 갑작스러운 제의에 당황하며 다음에 준비해서 하겠다며 피했고, 마지막 내 순번이 올 때까지 2명의 중대장이 아무도 노래를 하지 않았다.

드디어 내 차례가 왔다. 간단히 소개를 마치자 역시 동일한 말씀을 하셨고 나는 물컵에 수저를 뒤집어 꽂아 그것을 마이크 삼아 노래하기 시작했다. 제목 〈당신〉, 순수 무반주 생음악이었다. 살면서 처음이었다.

"당신, 사랑하는 내 당신~~~."
"둘도 셋도 넷도 없는 내 당신~~~."

그렇게 나는 시키면 무조건 했다. 잘한 것인지, 잘못한 것인지
는 중요하지도 않고, 생각할 겨를도 없었다. 해야 할지, 안 해도 될
지 고민되는 일은 그냥 한다는 생각뿐이었다. 모두의 관심 속에서
나의 중대장 시절이 시작되었다. 그렇게 시험대에 오른 나는 '과연
성공할 수 있을까?' 수없이 되물으며 성공을 다짐했었다.

TIP BOX

돌이켜 보면 창피한 생각도 들었지만 그런 무모하다 싶은 행동을
할 수 있었던 용기는 아마도 최초라는 사명감에서 나왔을 것이다.
지금 다시 그 시절로 돌아간다면 그렇게 하지 못할 것 같다. 당시
나의 철면피를 두른 듯한 당당함과 어떤 것도 피하지 않겠다던 도
전 정신이야말로 새로운 인생을 개척하며 살아가려는 우리에게 꼭
필요한 것이 아닐까?

잘하지 못해도
피하지는 말자!

5분전투대기부대, 24시간 언제든 상황이 생기면 부대에서 가장 먼저 5분 내 출동해서 가능한 조치를 하는 부대를 말한다. 통상적으로 독립 부대별로 운용하는데 건제를 유지하면서 말처럼 임무가 시작되면 끝날 때까지 전투복을 벗지 않는다. 즉, 항상 출동준비가 된 상태로 즉시 대기하는 것이다.

내게 그 임무가 주어졌다. 그리고 스스로 자문해 보았다. 낮에는 문제가 없지만, 밤에 출동 명령이 떨어지면 나의 출동을 지연시키는 것이 무엇인가? 전투화 신기와 긴 머리카락을 묶는 것이었다. 그래서 임무를 수행하는 일주일간 전투화를 한 번도 벗지 않았고, 긴 머리카락은 짧은 단발로 싹둑 잘랐다. 임무를 완수해 보이겠다는 결연한 의지의 표현이기도 했다.

나의 의지를 드러낸 후 중대원들의 임무 수행 수준을 측정하기로 했다. 난 전입 후 처음이지만 병사들은 기존에 해왔던 것이기에 잘 할 것이라는 기대가 있었다. 연습경보를 울리고 현장에서 지켜보았다. 정말 딱 기본만 한다는 생각과 무엇보다 긴장감이 전혀 보이지 않았었다. 평소 실전 작전을 해야 하는 부대라고 하기에는 무리라는 생각이 들었다. 훈련이 필요하다는 결론을 내렸다.

첫 임무를 받았을 때 훈련을 제대로 시켜 놓으면 다음은 자동으로 된다. 먼저 각자의 임무를 숙지시키고 팀 단위 작전을 하는 개념을 그려주었다. 무슨 상황인지? 나는 무엇을 하고, 내 옆 전우는 무엇을 하는지? 작전의 목표는 무엇인지? 등을 생각하도록 강조했다.

다음은 출동준비를 최대한 빨리하는 것이다. 연습을 통해 상황이 발생하면 자동으로 몸이 반응할 수 있도록 훈련해야 한다. 연습경보를 산발적으로 계속 울려주도록 당직 근무자에게 협조요청을 했다.

첫날 하루에만 밤새 7번 정도 연습을 했던 것 같다. 무엇을 하던 경보가 울리면 무장한 상태로 필요 물품을 차량에 적재 후 탑승하고 운전병이 시동을 걸고 대기하는 상태를 만드는데 걸리는 시간이 5분 이내여야 하는데, 연습을 거듭하다 보니 2분 안에 준비가 완료되었다.

훈련이 제대로 되면 다음에는 수준 유지만 하면 된다. 첫날 고생을 했지만, 중대원들은 자신감에 차 보였다. 다른 병사들이 우리 중대원들에게 이렇게 말했다.

"야, 너네 중대장님 장난 아니다. 무지 빡쎈 것 같다."

이런 식의 얘기는 내 귀에도 들려왔지만 멈출 수 없었다. 군인이 실전에서 전승의 자신감을 갖기 위해서는 평소 고되지만 제대로 된 훈련을 해야 한다는 것은 부정할 수 없는 사실이다.

이후 다행히 실제 상황은 없었지만 매일 상급부대 주관 연습 훈련 간 타 부대에 비해 월등한 임무 수행 수준을 보여주며 존재감을 과시해 나가기 시작했다. 물론 병사들도 예전의 문제 중대 병사의 이미지를 점점 벗어가고 있었다.

진지공사, 책임 지역이 서울인 우리의 진지는 이름만 대면 누구나 아는 서울에 있는 유명한 산에 위치했다. 이곳에 보직이 되어서야 알았다. 대도시 유명한 산에도 진지가 있고, 군에 의해 관리가 되고 있다는 사실을…. 아는 만큼 보인다는 말처럼 관심이 없어 몰랐던 것들이 거짓말처럼 보이게 되는 신기한 현상을 경험했다.

등산하기에는 좋은 산이지만 훈련이나 공사를 해야 한다는 입장에서 바라보니 단순히 아름다워 보이지만은 않았다. 중대원 십여 명이 공사재료를 나누어 등에 지고 산을 올라야 하는 상황이었다. 출동준비를 마치고 각자 의류대를 짊어지고 산에 오르기 시작

충성! 저는 밀리터리 맘이지 말입니다

했다. 내용물이 많아 부피가 커 보이는 의류대지만, 그다지 힘들다는 생각이 들지 않았다. 하지만 중대원들은 겨울 초반인데도 땀을 뻘뻘 흘리고 있었고, 단 한 사람도 싫은 내색이나 불평을 하지 않았다.

정상에 도착한 나는 중대원들을 위해 깜짝 선물로 준비한 간식들을 꺼내 놓았다. 출동 자재가 많아 미처 생각지도 못했던 병사들이 너무나 좋아했다. 이것이 보람이지 하며 흐뭇해하고 있는 나를 감동하게 만드는 일이 생겼다. 분대장이, 내가 좋아하는 커피를 산꼭대기에서 주는 것이 아닌가. 알고 보니 나를 위해 보온 통에 끓인 물을 담아 공사 자재만으로도 무거운 의류대에 얹어지고 올라왔던 것이다.

리더에게 이런 경험은 평생을 간직하게 하는 행복이다. 이것을 준비한 마음과 산을 오르는 내내 힘들지만 나를 생각해 주는 마음을 간직했다는 것에 말문이 막혔다. '고맙다'는 한 마디를 건네었지만 수만 가지 마음의 표현이었다. 그렇게 뜨거운 커피를 산꼭대기에서 후후 불어가며 마시는 호화를 경험했다.

모든 것이 처음이라 두렵고 모든 사람들이 지켜보고 있다는 부담감에 하루도 마음 편할 날이 없었지만 피하지 않고 정면으로 부딪쳐 싸우면 할 수 있다는 자신감을 조금씩 얻고 있었다.

TIP BOX

새로운 일을 시작할 때는 '해보지 않은 것, 모르는 것'이 주는 불안
감이 있다. 하지만 막상 시작해 보면 '별 것 아니네, 괜히 겁먹었네'
라는 생각에 이를 때가 많다. 흔한 말일지 모르지만, 실패하더라도
시도해보는 것이 두려워서 해보지 못한 것보다 낫지 않을까? 그런
경험들이 쌓여 조금씩 발전하다 보면 어느 날 확연히 달라진 나를
발견하게 될 것이다.

충성! 저는 밀리터리 맘이지 말입니다

한겨울, 전투화에 구멍 뚫고
끝까지 걸어라

동계 혹한기훈련이 시작되었다. 일주일 동안 추위에 적응하고 견디며 전투할 수 있는 능력을 기르는 훈련으로, 예상하겠지만 꽁꽁 얼어붙은 땅을 파, 텐트를 치고 숙영하면서 추운 날씨를 체감하고 견디는 연습을 하는 것이다.

유격훈련과 혹한기훈련 중 어느 것이 더 힘드냐고 물어본다면 주저 없이 혹한기훈련이라고 말할 것 같다. 개인적으로 추위에 민감하고 수족냉증이 있는 탓도 있겠지만, 추위, 더위 등 자연과의 싸움에서 냉난방기기의 도움 없이 사람이 이긴다는 것은 불가능한 것 같다.

동계 훈련을 준비하고 출발을 알리는 순간부터 이미 몸이 얼어붙는 것 같은 스트레스를 받았다. 훈련을 앞두고 마트에서 구매해

온 내복을 두 개나 겹쳐 입고 방한 피복을 입어도 추위는 어쩔 수가 없는 것 같다. 훈련하면서 몸을 움직이면 괜찮지만, 매복하거나 취침을 할 때는 침낭 내부 온도가 영하 15도 이하로 내려가고 체감온도는 영하 20도 수준이 된다.

숙영지 편성을 위해 땅을 파려고 하니 꽁꽁 얼어붙은 땅은 좀처럼 양보를 하지 않았다. 땀을 뻘뻘 흘리며 어느 정도 깊이까지 파게 되면 텐트를 설치하고 위장과 보온을 위한 준비를 한다. 다른 인원들은 3명이 한 텐트에서 잠을 자니 서로의 체온으로도 온기가 있지만, 나는 항상 사방에서 누르는 추위를 혼자서 오롯이 견뎌야 했다. 잠을 자려고 해도 도무지 잠이 들지 않았다.

아침에 일어나면 낮 동안 땀에 절은 전투화가 밤새 얼어붙어 돌처럼 딱딱하게 무거워져 있다. 그러다 보니 발에 꼭 맞지 않으면 일부가 구겨지거나 하면서 살을 눌러 상처를 내고 염증이 생겨 '봉와직염'이 생긴다. 지금은 많이 좋아졌지만, 예전 전투화는 딱딱하고 무거웠다.

화장실은 숙영지 근처에 간이화장실을 임시로 만들어 사용했다. 지금은 휴게실이나 쉼터에 설치된 간이화장실을 사용하지만, 그 시절에는 천막을 이어 사방을 막고 땅을 파는 정도가 전부였다. 이동 거리가 멀지 않고 용변을 보러 이동하는 인원들도 통제가 되어야 하니 숙영지에서 그리 멀지 않아야 한다. 그러다 보니 화장실을 가는 일은 모든 사람이 알게 될 터다. 일부러 집중하는 사람은 없

충성! 저는 밀리터리 맘이지 말입니다

겠지만 나는 의식이 될 수밖에 없었다.

항상 그래왔듯이 화장실은 하루에 한 번 가기로 한다. 모두가 취침한 후이다. 그것도 부담되긴 마찬가지였다. 방음이 되지 않으니 말이다. 모두 힘이 들어 머리가 땅에 닿자마자 잠에 들었을 것이라 믿는 수밖에 달리 방법이 없었다. 자연적으로 식사량은 반으로 줄고, 국은 입에 대지도 않았다. 그때부터 일할 때는 물과 국을 먹지 않는 습관이 지금까지 이어져 오고 있다.

잠을 청해보려 해도 춥다는 생각이 머리를 맴돌고 손끝 발끝이 아려 오는 느낌이 든다. 얼굴은 얼었다 녹았다를 반복해 탄력도 없고 볼은 벌겋게 달아올라 있었다. 그 와중에 위장을 하고 물티슈로 대충 닦아낸 후 고양이 세수를 하니 피부가 엉망이 되지만 염려할 겨를이 없었다.

그렇게 훈련의 막바지로 접어들 때쯤 일이 생겼다. 전투화가 발에 맞지 않아 구겨진 부분이 차가운 온도에 얼어 딱딱해진 상태로 발뒤꿈치에 계속 닿아 상처가 나고 염증이 생겼다. 봉와직염이었다. 너무 아파서 전투화를 신고 행군을 한다는 것은 불가능한 일이었다. 웬만큼 아프고 힘든 건 그냥 견뎌냈지만 이건 그런 수준이 아니었다. 병사에게 이런 병이 생겼다면 훈련을 열외하고 바로 입원시킬 터였다.

나는 행군을 포기할 수 없었다. 그래서 아프다고 말할 수도 없었다. 아프다고 하면 무조건 열외를 시킬 것이다. 나는 지휘관이다.

부하들이 나의 뒤통수와 전투화를 쳐다보며 뒤를 따른다. 훈련 중 가장 힘든 것이 행군인데 그 훈련에 지휘관이 빠지는 것은 부하를 버리는 것과 같다. 무엇보다 나는 여군이기 때문에 더욱 포기할 수 없었다. 하지만 이 상태로는 도저히 걸을 수가 없었다.

고민에 고민을 거듭하다 결심했다. 아픈 부위에 충격을 주는 전투화 뒷부분을 도려내야겠다고 생각하고 행정보급관을 조용히 불러 부탁했다. 두꺼운 커터 칼로 도려내 달라고. 행정보급관이 내 발을 보더니 행군은 절대 안 된다고 했다. 하지만 나는 제발 도와달라고 했다. 한쪽만 뚫으면 이상하니, 반대편도 비슷한 상황이 생길 수 있다는 생각에 양쪽 모두 뒷부분을 도려내었다.

행군이 시작되었다. 예상대로 연대장님께서는 나를 선두에 세우셨다. 끝까지 완주할 것이라는 믿음과 여자인 내 속도에 맞추겠다는 뜻이 담겨있는 것이었다. 시작 전 부하들의 출동준비 상태를 확인한 후 전승 의지를 다졌다.

"지금부터 행군이 시작된다. 여러분은 중대장만 믿고 따라와라. 어떤 상황에서도 포기는 없다. 또 단 한 사람의 낙오자도 있어서는 안 된다. 우리는 전우다. 완주 후 군악대의 환영을 받으며 막걸리 한잔을 받아 마시며 전승을 외칠 때까지 끝까지 함께 한다. 알겠나?"

"예, 알겠습니다"

충성! 저는 밀리터리 맘이지 말입니다

병사들의 외침과 함께 첫 발걸음을 내디뎠다.

행군을 시작하고 한 시간이 지났을까 첫 휴식시간이 되었다. 병사들은 물도 마시고 주머니에 넣어온 초콜릿과 과자를 먹는다. 발뒤꿈치 통증이 없으니 할 만했다. 한 병사가 물었다.

"중대장님 전투화가 이상합니다."

"이거 행군용 전투화다. 열과 땀이 나도 바로 환기가 되는 기능성이라니까?"

나는 아파서 그런 것이라고 말할 수 없어 장난치듯 답변했다. 웬걸 믿는 눈치였다. 그래서 나도 웃어넘겼다.

행군할 때는 중간중간 발의 열을 식혀주어야 한다. 안 그러면 물집이 생긴다. 하지만 나는 전투화를 벗고 다시 신을 때 아픈 부위가 딱딱한 곳에 닿는 통증이 두려워 한 번도 전투화를 벗지 못했다. 30km 정도 걸었을까. 예상대로 발바닥이 아려 오기 시작했다. 물집이 생긴 것 같았다. 알면서도 방법이 없었다.

그렇게 10km를 더 걸어 완주했다. 매년 낙오자가 있었지만, 그때는 없었다. 군악대의 환영을 받으며 대대장님, 연대장님도 진심어린 격려를 해 주셨다. 하지만 목적지에 도착하고 긴장이 풀려서인지 발이 너무 아팠다.

나의 아픔을 뒤로하고, 용사들의 몸 상태를 먼저 확인했다. 2명 정도 100원짜리 동전 크기의 물집 외에는 이상이 없었다. 기본 치료를 하고 개인정비 후 취침에 들게 했다. 그렇게 할 일을 모두 끝내고 나서야 전투화를 벗었다. 뒤꿈치 염증도 아프지만, 발바닥 전체의 물집이 터지면서 양말이 발바닥에 들러붙어 있었다. 겨우 양말을 벗고 집으로 돌아가 소독하고 나서야 잠을 청했다.

일주일간 혹한에 선잠을 자고, 화장실을 가지 않으려 많이 먹지도 않고, 발뒤꿈치 염증에 물집까지 온몸이 만신창이가 된 것 같았다. 진통제와 소염제를 먹고 난 후 잠자리에 누워 '내가 해냈다', '포기하고 싶은 순간이 많았지만, 끝까지 했다.', '이제 어느 누가 나를 여자라고 무시하거나 여군은 안된다는 말은 하지 않겠지?'라는 생각을 하면서 잠이 들었다.

이후 여러 사람으로부터 한동안 칭찬을 들었다. 남들도 다 하는 것이지만 여자인 내가 한 것이라서 더 크게 보인 걸까, 아마도 모든 사람이 나의 성공 여부를 궁금해했을 것이다. 여군 중대장은 처음이니까. 그리고 여자가 포기할 수도 있는 힘든 훈련이니까. 어쨌든 나는 보란 듯이 성공했다. 그리고 전투화 뒤를 뚫고 행군을 완주한 나의 투혼은 미담이 되어 한참 동안 회자되었다.

내가 다수의 남자군인 중 하나였다면 포기했을 것이다. 부대 내 단 한 명의 여군이고 지휘관이었기 때문에 그렇게 할 수 없었다. 나의 포기는 나만의 개인적인 실패로 끝나지 않는다. 바로 여군 전체를 대변했다. 또한, 지휘관이라는 사명감이 나를 견디게 했다.

항상 건강한 모습으로 부하들의 앞과 옆, 뒤에서 그들을 지켜야 했다. 부하 앞에서는 나의 아픔 따위는 잊힌다. 그것이 지휘관이다.

큰 고비 하나를 넘긴 것 같았다. 자신감이 생겨나는 것을 느꼈다. 그리고 나를 보는 주변의 시선도 긍정적으로 변한 것 같았다. 어쩌면 나만의 생각이었는지도 모르겠지만, 앞으로 끝까지 해낼 수 있을 것이라는 생각이 점점 크게 다가오고 있었다.

TIP BOX

행군을 앞두고 뒤꿈치 통증을 이겨내기 위해 전투화에 구멍을 내야겠다는 생각을 어떻게 할 수 있었을까? 같은 상황에서 다수의 사람은 행군을 열외로 하거나 활동화를 신는 정도의 조치를 했을 것이다. 하지만 난 그 상황을 피하지 않고 이겨낼 방법만 고민했고, 그 결과 기상천외한 생각을 해냈다. 어떤 상황에서든 하고자 하는 마음이 있으면 방법은 찾게 마련이다.

처음 걷는 외길에
희망의 발자국을 남겨야 한다

또 하나의 과제 예비군 훈련, 아마도 육군에서 내게 향토사단 중대장 보직을 줄 때 가장 고민했던 부분일 것이다. '북한군도 예비군(어디로 튈지 모른다는 의미)과 중학교 2학년(사춘기)이 무서워 안 쳐들어온다.'라는 우스갯소리가 있다. 예비군을 상대하고 훈련 시켜야 하는 것이 쉽지 않다는 것은 누구라도 대충 짐작할 것이다. 군 복무도 그렇지만 예비군 훈련도 자발적으로 하고 싶어서 하는 것은 아니다. 그러니 억지로 훈련에 참여한 사람들의 태도가 모범적이기를 기대하는 것이 과한 요구가 아닐까?

내가 속한 부대는 지역방위 부대이고 책임 지역은 종로와 중구였다. 예상대로 금싸라기 땅에 대기업과 각종 정부 부처들이 위치한 곳. 해당 지역에서 근무하는 직장 예비군들을 훈련 시킨다. 삼

충성! 저는 밀리터리 맘이지 말입니다

성, LG, 대우, 한국은행 등 이름만 들으면 알 수 있는 직장을 가진 예비군들은 확실히 좀 달라 보였다. 나름대로 규칙을 잘 지키려 노력했다. 직장에서 예비군 훈련에 참가하는 태도를 인사 고가에 반영한다고 했다. 그러다 보니 자연스럽게 행동도 조심하고 통제에도 잘 따랐다.

삼성건물에 훈련 지원을 갔을 때였다. 대기업답게 출입하는 절차도 무척이나 까다로웠고, 출입승인을 받아서 들어가더라도 제한된 지역만 다닐 수 있게 통제가 심했다. 휴식시간에 병사들이 예비군들에게 물었다. '이런 대기업에 들어오려면 어떻게 해야 하는지? 월급은 얼마나 되는지?' 등에 대해서였다. 20대 청년이라면 누구나 궁금해할 만한 것들이다.

예비군들은 입사 자체가 전쟁이고, 들어와서도 하루하루가 살얼음판이라고 했다. 기업은 철저한 성과제로 무언가를 만들어 내야 한다는 강박감에 시달린다고 했다. 프로그램 등 개발을 시작하면 참가자들은 정보유출을 막기 위해 끝날 때까지 외부로 출입이 제한된다며 쉽지 않은 생활을 조금씩 들려주었다. 군 생활을 하면서 이런 경험도 나쁘지 않다는 생각이 들었다.

지역예비군들은 대다수 부대에 들어와 훈련을 받는다. 입소할 때는 말 그대로 전쟁이다. 신원을 확인하고 군복 등 복장 상태를 확인한다. 준비가 되지 않은 예비군들은 입소가 제한되어 집으로 돌아가야 한다. 그런 과정에서 문제도 많이 생긴다.

내가 예비군 입소업무를 담당할 때면 예비군들은 "우와, 여자중대장님이네", "처음 봤어요", "여자군인들 많아요?" 등 호기심 어린 질문을 던지는 사람이 많았다. 훈련을 받으면서도 개인적인 관심을 보이는 사람도 있고, "중대장님 노래 한 곡 불러보십시오."라며 장난을 치거나 짓궂은 질문을 하는 사람도 있었지만 나는 그때마다 잘 맞받아치며 웃을 수 있었다.

예비군훈련장에 여자의 등장에 예비군들은 다소 낯설고 호기심 어린 눈빛을 보냈지만 내가 감당할 수 없는 일은 일어나지 않았다. 오히려 여자가 있다는 것을 의식한 듯 전투복을 풀어헤치거나 아무 데나 드러눕는 등의 행위들을 덜 하는 것 같았다. 상급부대에서도 훈련 점검을 나와 사후검토를 하면서 "예비군 부대를 여군으로 편성해야겠어."라는 말을 해 함께 웃기도 했다. 이렇게 여군이 예비군을 통제할 수 있겠냐는 우려도 보기 좋게 문제없음을 증명했다.

TIP BOX

모든 처음 하는 일을 앞두고 두려움은 있었지만 피하지 않았다. 어쩌면 피할 수도 없고 되돌아서 갈 수도 없는 외길을 걸으며 희망의 발자국을 남겨야 하는 사명감을 안고 있었기에 가능했는지도 모르겠다. 당황스럽고 고통스러운 순간도 많았지만 피하기보다 그 순간을 극복할 방법을 찾기에만 집중했다. 그래서 길이 보였고, 한참 후에 돌아보니 나의 발자국이 길이 되어가고 있었다.

전투복 입은 모습이
가장 멋지고 싶다

군 생활을 시작한 지 5년이 지날 때쯤이었다. 소위, 중위를 지나 대위 계급장을 달고 3개의 보직을 무사히 통과했다. 우연히 시작한 군인으로서의 인생, 포기하고 싶은 순간을 버텨내며 흘러간 시간에 어느덧 나도 전투복을 입고 머리를 뒤로 묶어 핀을 찌른 내 모습이 자연스러워지고 있었다.

태어날 때부터 군인이었던 것처럼, 군인이 천직이고 나의 사명이라며 거들먹대기도 했다. 부모님이 계신 시골에 다니러 갈 때면 나는 꼭 전투복을 입고 갔다. 남들은 거추장스럽고 행동의 제약이 있다며 부대가 아닌 외부에서 전투복 입기를 좋아하지 않지만 나는 달랐다. 부모님이 좋아하시기 때문이기도 했고 전투복을 입은 나를 보는 남들의 시선과 동네 어르신들의 관심이 좋았다.

어느덧 동네의 유명인사가 되어 있었다. 이발소를 운영하시는 아버지의 가게에 찾아 든 손님들은 매번 아빠에게 나의 군 생활과 계급을 묻고 또 되물어 보신다. 동네 어르신들은 딸이 대위이고 중대장이라고 하면 깜짝 놀라시며 "대단하데이, 딸 잘 키웠네."라며 부러운 듯한 말을 내뱉으신다. 가게를 들르실 때마다 묻고 또 물어도 아빠는 매번 즐겁게 대답해 주신다.

버스를 타기라도 하면 전투복 입은 나를 대놓고 쳐다보는 사람이 많다. 어떤 분은 앉은 자리에서 일어나 내게 다가와 "아이고, 멋지네."라고 말씀해주시는 분도 계셨다. 여군이 많지 않았던 시절이기 때문이었을까? 군대를 다녀오신 분들은 부대 마크와 병과 마크를 보고 아는 척을 하시며 직책을 묻기도 하시고 본인의 군 생활을 읊어주시기도 했다.

동네 어르신들은 아빠의 월남전 파병 얘기를 꺼내시며 아버지의 영향으로 딸이 군인이 되었다고 말씀하시는 분도 많았다. 아빠는 군 복무 중 월남전이 발발해, 파병 모집을 하자 가난한 집안에 보탬이 되고 싶다는 마음으로 죽음을 각오하고 파병에 지원하셨다. 그리고는 특별히 다친 데 없이 돌아오셨다. 쌀을 한 트럭 싣고…. 나중에 알게 된 사실이지만 당시에 파병 가서 번 돈으로 산 하나를 사서 할머니에게 드렸다고 했다.

아빠는 파병 후 돌아오셔서 별다른 문제는 없었지만, 시간이 지나 연세가 드시면서 고엽제 후유증이 조금씩 나타났다. 병원 다니며 치료를 하고 있지만, 생명이 위독한 것은 아니다. 그로 인해 국가유공자가 되셨고, 몸이 아프실 때면 보훈병원에서 치료를 받으실 수 있게 되었다. 그리고 부모님 집 대문에 '국가유공자의 집'이라는 명패가 걸렸다. 군인으로서 아빠의 삶을 존경한다.

동네에서뿐만 아니라 부대 인근 식당, 마트 등 가는 곳마다 나를 기억해주는 분이 많았다. 두 번만 다녀가면 단골손님 대우를 받을 수 있었다. 엄청난 존재감을 자랑했다. 단지 여군이라는 이유만으로…. 나는 그런 상황들을 행복해하고 있었다.

하루는 비상소집 지시를 받고 서둘러 집을 나서 차량에 올랐고 부대에 들어가면 해야 할 일들을 생각하다가 무심코 신호를 위반했다. 바로 뒤에 경찰차가 따라오고 있는 줄도 모르고 말이다. 눈앞에서 신호 위반하는 나를 본 경찰관은 차를 세우라는 신호를 했다. 정신이 번쩍 들었지만 이미 늦었다. 내게 다가온 경찰관은 창문을 내리라고 하고 면허증을 달라고 했다. 그리고 전투복을 입은 나를 보더니 아무리 바쁘더라도 경찰이 뒤에 따라오고 있는데 신호위반을 하면 어쩌냐는 듯 가볍게 질책하고는 말했다.

"이 동네에 여군이 있는 줄 몰랐네요, 지휘관 견장도 차고 계시고, 어디 근무하세요?"

이렇게 말하여 관심을 보였고, 나는 소속을 밝혔다. '같은 밥 먹

충성! 저는 밀리터리 맘이지 말입니다

는 식구끼리 서로 봐 주고 살아야죠.'라며 선처해주었다.

TIP BOX

여군이라는 삶을 선택했기 때문에 겪어야 할 힘든 일도 많고, 어디서든 혼자라는 이유로 눈에 띄고 주목을 받는 것이 부담이 되는 경우가 많다. 반면 그 때문에 조금 더 관심을 보이는 사람들 속에서 나름대로 배려받으며 살아왔다. 여군은 계급장이 주는 위엄과 존경을 함께 받으며 살아간다. 어떤 화려한 옷보다도 전투복 입은 내 모습이 가장 멋지고 싶고, 계급장에 가장 어울리는 사람이 되고자 노력한다.

극복, 위기가 기회다

극복하라! 위기는 기회와

함께 온다

새로운 도전과 함께 찾아온
낯선 어려움

십 년이면 강산도 변한다고 했다. 군 생활을 시작한 지 십 년, 누구
든 한 곳에서 십 년 정도 일하다 보면 익숙함에서 오는 무료함이
찾아온다. 처음 시작할 때만 해도 모든 게 낯설고 두려웠지만, 이
제는 할 수 있다는 자신감이 생겨날 때쯤이었다. 새로운 일을 해보
고 싶다는 생각이 밀려올 즈음에 다른 기회가 왔다.

교육성적이 상위인 사람을 차출하는 곳, 기무사(현, 방첩사령부)
에서 선발제의를 받았다. 당시 대대장님, 연대장님 모두 신중하게
생각할 것을 당부하셨다. 업무의 성격도 매우 다르고 무엇보다 높
은 계급으로 진출하는데 제약이 많다는 등의 이유였다. 그때는 어
떤 의미인지 잘 이해하지 못했다.

기무사가 어떤 부대인지, 무엇을 하는 곳인지, 인사관리는 어떻

게 하는지 등에 대해 따져보지도 않았다. 어떤 사람들은 '사복을 입는다', '힘 있는 부대다'라며 옛날얘기를 하기도 했지만 사실 믿기지는 않았다. 그저 새로운 일을 해 보고 싶다는 생각뿐이었다.

그렇게 대대장, 연대장님의 반대를 무릅쓰고 시험을 치른 후 합격하고 교육을 받게 되었다. 다시 임관할 때로 돌아간 듯한 생각이 들었다. 야전과는 다른 종류의 학업 내용과 분위기에 압도되었다. 절대충성 부대, 임무가 주어지면 이유를 따져 묻지 않는다. 목숨도 기꺼이 내놓을 수 있는 사명감이 있는 군인들이 모인 곳이다.

교육기관에 입학 후 같은 뜻을 가진 동료들과 함께 한 가지 목표를 향해 가면서 좀 더 성숙한 나를 만들어가고 있었다. 그때까지만 해도 나름 군대에서 잘나간다고 생각했었는데, 똑똑해도 너무 똑똑한 사람이 이렇게 많다는 것을 깨닫고 겸손해질 수밖에 없었다.

나의 부족함을 새삼 다시 깨달으며 초심으로 돌아가 열심히 교육을 받던 중 일이 생겼다. 결혼 후 지휘관을 하느라 미뤄두었던 임신이 된 것이다. 물론 계획한 건 아니었다. 하지만 분명히 축복받아야 할 경사인데 눈앞이 막막해지며 눈물이 났다. 기쁨보다는 당혹스러운 마음이 더 컸다. 학교에 어떻게 말을 해야 할까 하는 걱정만 머릿속에 가득 찼다.

나는 임산부에 대한 사람들의 선입견이 싫었다. 지금보다는 더 출산에 대한 생각이 너그럽지 않은 시절이었고, 적어도 당시에는

충성! 저는 밀리터리 맘이지 말입니다

어떤 일을 함에 있어 임산부는 배려의 대상이 아닌 제외의 대상이었다. 그러다 보니 자연스럽게 여군들은 알아서 임신과 출산의 시기를 고민하고 미룬다.

구보 및 체력단련 등 격한 신체활동이 있어 말을 안 할 수도 없는 상황이었다. 그렇게 고민하던 중 스트레스와 피로가 더해져 유산의 위기가 닥쳤고 급기야 병원에 입원해야 했다. 일주일간의 입원으로 일부 교육과 시험을 보지 못했고 퇴원 후 별도로 시험을 치렀지만, 부분 점수를 반영하는 등 차별은 감수할 수밖에 없었다.

학교와 동기들의 배려 속에 무사히 교육을 마쳤고, 우리 기수는 입교할 때 인원보다 한 명이 더해진 상태로 수료하였다. 수료와 함께 첫 보직을 앞두고 또 죄인이 되었다. 여군인데다 임산부인 나를 환영할 리 없었다. 자유롭지 못한 신체활동, 당직 근무도 제외할 수밖에 없는 여러 상황들이 내 뜻과는 무관한 나의 이미지가 되어 갔다.

물론 임신한 것이 죄는 아니지 않냐며 스스로 위로하기도 했지만, 남군이라면 고려하지 않아도 되는 상황으로 본의 아니게 다른 동료들에게 피해를 주니 미안한 마음은 어쩔 수 없었다. 단지 내가 할 수 있는 건 출산 후 최선을 다하는 모습으로 갚아 주리라는 생각뿐이었다.

부대의 배려로 움직임이 적고, 위험할 수 있는 활동이 적은 직책을 받고, 다른 동료들의 도움을 받으며 첫 근무지 생활이 시작되었다. 다시 초임으로 돌아온 것 같은 낯선 업무 환경에 두려움 반 설렘 반이었다. 단 한 가지 달라진 것은 내가 혼자가 아닌 둘이라는 것이었다. 캥거루처럼 뱃속에 새끼를 넣고 다니며 아무도 모르게 '금이야, 옥이야' 하면서 조심조심 지냈다.

출산을 앞두고 배가 가장 불러왔을 때 사고가 생겼다. 유난히도 배가 많이 나왔던 탓인지 계단을 내려오다 발을 헛디디면서 아래로 굴러떨어졌다. 손을 짚어 멈춰 서야 하는데 본능적으로 배를 움켜쥐고 웅크리다 보니 몇 바퀴를 굴렀던 것 같다. 너무 갑작스러운 사고에 나 자신도 놀라 정신을 차릴 수가 없었다. 그리고 한 가지 생각뿐이었다. 아기가 무사하기만을 바랐다.

같은 사무실 직원이 차를 가지고 와서 나를 데리고 병원으로 향했다. 나는 또 '미안합니다. 미안합니다'라는 말을 되뇌고 있었다. 긴장한 탓에 배가 뭉치면서 통증이 있었지만, 배를 쓰다듬으며 이상이 없기만을 바랐고 다행히도 내 몸의 멍 자국을 제외한 별다른 문제가 없었다.

모두의 걱정 속에 그렇게 첫 아이가 태어나고 출산휴가를 마치고 복직했다. 쉽지 않을 것이라는 걸 짐작했고, 이제는 나 혼자만 생각하면 그만이던 예전과는 분명히 다른 환경이라는 것이 걱정되었지만 미리 겁먹지는 않으려 노력하며 힘들고도 외로운 워킹맘으로서의 삶을 시작했다.

충성! 저는 밀리터리 맘이지 말입니다

TIP BOX

남성 위주의 조직에서 여성의 임신과 출산이라는 사회적 과업이 자연스러운 일은 아니었다. 서로 간에 어떻게 하는 것이 배려인지 조차 잘 몰랐던 시절에 직장과 엄마라는 두 마리 토끼를, 모두 잡을 수 있을 거라 다짐했었다. 그러나 두려운 마음이 컸던 게 사실이다. 어느 정도 아이들이 자란 지금도 나는 엄마로서 살아가는 것이 절대로 쉽지는 않다. 하지만, 변해가는 사회 분위기와 군에서의 여성에 대한 변화된 시선에서 위로를 느낀다. 적어도 우리 후배들은 좀 더 이해받고 배려받으며 살아갈 수 있으리라 생각된다.

팽팽하게 당겨진 고무줄이
끊어진 순간

2014년 폐결핵 진단을 받았다. 세 아이를 낳아 기르면서 고된 직장생활을 함께 하기란 쉽지 않았고, 그로 인해 못 먹고 못 살던 시절에 생긴다던 병(폐결핵)이 내게 찾아왔다. 이유는 과로와 수면부족, 영양실조였다. 고무줄도 계속 당기기만 하면 탄력을 잃고 끊어진다고 했던가. 내 몸도 버티다 못해 결국 넘어지고 말았다. 격리병동에서 한 움큼의 약을 삼키며 평생 흘린 눈물보다 더 많은 눈물을 흘렸던 것 같다. 이유를 알 수 없는 뜨거운 눈물이었다. 병에 걸렸다는 사실보다 여태껏 '무엇을 위해, 어떻게 살아왔는가?'라는 피로감과 후회 섞인 생각에 아팠다.

워킹맘으로서의 삶은 내 상상을 초월하는 어려움이었다. 다자녀를 양육하며 경력단절을 하지 않으려 고군분투하며 사는 것이 어떤 것인지 해 본 사람만이 알 것이다. 자녀 양육을 도와준다는 이유로 결혼하면서부터 시부모님과 함께 살며 일생일대 가장 행복한 순간이라는 신혼의 알콩달콩함도 느끼지 못했다. 며느리로서 대를 이주어야 한다는 압박감에 다자녀를 연이어 출산했고 그 와중에 직장도 포기할 수 없어 자녀 양육을 도와준다는 명목으로 10년을 넘게 시댁 식구와 함께 생활했다. 아무리 천사 같은 분이라고 하더라도 며느리에게 시부모님의 존재는 어려울 수밖에 없었고 퇴근하면 집안일도 열심히 하는 착한 며느리가 되기 위해 내 몸을 돌볼 여유가 없었다.

내가 다니는 부대는 유난히도 일이 많았다. 새벽 5시 50분에 출근하고, 밤 10시는 넘어야 퇴근할 수 있었다. 아무리 늦은 귀가를 해도 엄마 노릇을 포기할 수는 없으니 퇴근 후 아이들의 공부와 숙제를 봐주어야 하고(메모지에 깨알같이 써주면서), 다음날 입을 옷도 골라 놓고, 준비물도 챙겨야 했다. 일요일도 출근해야 하니 유일하게 아이들과 시간을 보낼 수 있는 토요일에도 오롯이 엄마 노릇만 할 뿐 내 시간은 단 1초도 없었다.

월화수목금금금, 언제부터인지 정확히 기억나지 않지만 내겐 주말도 휴일도 모두 사라져버렸다. 그렇게 나를 돌볼 시간을 잊은 채 정신없이 살았고, 평균 수면시간이 2~3시간 정도밖에 되지 않는 과중한 업무와 육아, 가사일 등으로 허덕이던 어느 날 몸도 마음도 모두 중심을 잃고 번아웃을 선언했다. 공무원 정례 신체검사 간

'폐결핵' 진단을 받은 것이다. 곧바로 격리병동에 입원해야 했다.

병원에 입원해 있는 동안 '도대체 무엇을 위해 이렇게 힘들게 살고 있는가?' 하는 질문을 자신에게 던져보았다. 열심히 살았다고 인정하더라도 이건 좀 아니지 않냐고 자문했다. 매일 바쁜 일상 속에서 어느새 나 자신과 삶의 목표를 잃어버린 채 하루하루를 버티고 있었던 것이다. 내세울 것 하나 없이 평범한 내가 인정받기 위해 남들보다 몇 배 더 열심히 살아야 한다고 생각했고, 엄마라는 역할도 잘 해내고 싶다는 생각에서 최선을 다했는데, 이 허탈감은….

숲속에서는 숲 전체를 볼 수 없다고 했던가. 하루하루라는 쳇바퀴 속에서 조금 벗어나 내 인생을 들여다보게 되었고 지금 변화를 주지 않으면 안 되겠다는 생각에 이르렀다.

TIP BOX

어느 날 어처구니없는 병을 얻었고, 격리병동에 갇혀 하염없는 눈물을 흘려야 했다. 하지만 그 일을 계기로 가족이나 직장 동료들이 나의 감당하기 힘들었던 수고로움에 대해 생각해볼 수 있는 계기가 되었다. 뜻하지 않게 한 템포 쉬어 갈 수 있는 시간을 벌었고, 가정과 직장에서 더욱 존재감을 드러낼 수 있게 되었다. 결국, 인생살이에서 어느 것 하나 이유 없는 것은 없다. 그러니 지금의 나의 상황을 '왜?'냐고 따져 묻지 말고, '어떻게'라며 미래를 그려보기를 추천한다.

충성! 저는 밀리터리 맘이지 말입니다

예상 밖의 위기와
또 다른 기회

십여 년간 몸담았던 부대가 해체되었다. 정말이지 마른하늘에 날벼락을 맞은 것 같은 일이었다. 조직이 해체되면서 절반 이상의 사람들이 다시 야전으로 복귀하게 되었고 거기에 나도 포함되었다. '왜 내가?'라고 반문하고 싶었지만 그럴 시간도 여유도 없었다. 나혼자만의 문제가 아니다. 가족들과 함께 어디로 갈지 모르는 보직 이동에 대비해야 했다.

일단 아이들에게 이 상황을 이해시켜야 했다. 자세하고 복잡한 말은 필요하지 않았지만, 학기 중반에 갑작스러운 이사는 처음이었다. 1년 동안 잘 지냈던 친구들과 예상치 못한 이별을 해야 하는 아이들에게 이해해달라는 말밖에 할 수 없었다.

처음에는 "엄마 진짜? 진짜? 왜? 왜?" 하며 따져 묻기도 하고,

"학년 다 끝나고 가면 안 돼요?"라고도 했다. 물론 특별한 상황이었기 때문에 직장에서도 보직을 이동하더라도 일정 기간 관사에서 지낼 수 있도록 해 주었지만, 아이들을 두고 혼자 갈 수는 없었다. 나는 엄마다. 하루에 1~2시간 얼굴을 보더라도 애들은 엄마와 함께 있어야 한다는 것이 내가 직장맘으로서 지금까지 지켜온 나름의 약속이었다.

학교 선생님들께도 양해를 구했다. 관사가 나와야 이사 갈 수 있으므로 시기를 정확하게 예상할 수 없었다. 어디로 갈지도 불투명한 상황에서 어느 것 하나 명확한 것이 없었다. 정신없이 준비하는 동안에도 순간순간 막막함에 한숨만 나왔다. 보직 명령만을 기다리면서 온갖 나쁜 상상만 수없이 들었다.

'이렇게 나의 군 생활이 끝나는구나, 어떻게 이럴 수가 있지?, 이렇게 될 걸 왜 그렇게 아둥바둥 살았을까?, 꿈인가 생시인가?' 등등. 예상된 전역을 하는 것과는 차원이 다른 문제였다. 예고 없는 해고 명령이었다. '인정할 수가 없다, 너무 한 것 아니냐'라고 수없이 혼잣말을 되뇌었다. 지옥 같은 시간을 보내던 중 들려온 소식은 예상 밖의 기회가 주어진 느낌이었다.

그동안의 경력을 인정받아서인지 나름의 전문성을 발휘할 수 있는 곳으로 발령이 났다. 지금 있는 곳과 그리 멀지 않았고, 예전 근무 경험도 있어서 아이들도 익숙한 곳이었다. 명령과 동시에 혼자 부대 근처 유치원을 돌아다니며 입학 원서를 냈다. 다자녀인 관계

충성! 저는 밀리터리 맘이지 말입니다

로 관사가 빨리 배정되었고 부대 해체 이후 3주 정도 되는 시기에 바로 이사를 했다.

　아이들은 이사 후에도 가끔 불편한 마음을 표현했다. 애들이 놀이할 때 나눈 대화에서 알 수 있었다.

　"친구 생겼어?"

　"아니, 난 여기서 친구 안 만들어, 언제 또 이사 갈지도 모르는데 뭐. 그리고 여기 애들은 지난번 친구들과 달리 욕도 많이 하고 마음에 안 들어."

　이렇게 말하며 서로 맞장구를 치고 있었다. 꼭 나에게 들으라고 하는 말 같아 서운한 마음이 들었다. 하지만 나중에 상황을 이해하고는 오히려 미안한 마음을 감출 수 없었다.

　9월 이사, 2학기도 중반을 넘어선 시점이다 보니 이미 단짝 친구들이 모두 정해져 버린 상황에서 전학 온 우리 아이들은 낯선 이방인이었다. 한 마디로 무리에 끼워주지 않는 것이었다. 이런 불편한 상황의 고통을 반대로 표현했던 것이었다. 미안한 마음과 함께 서러움이 밀려왔다. 왜 이렇게 된 건지 도무지 용납되지 않았다. 나의 잘잘못을 따지자는 것이 아니라 가족들에게 몹쓸 짓을 한 것 같은 죄책감이었다. 그래도 시간이 약이라 했던가. 하루 이틀 지나면서 나름대로 분위기에 적응하고 있었다. 아이들은 한두 명의 단짝 친구를 만들었고, 어떤 무리에 들어가 함께 놀기도 했다. 또 그렇게 아이들은 '그 어려운 것을 해내고 있구나'라는 생각과 함께 감사한 마음이 들었다.

아이들이 안정될 때쯤 긴장이 풀린 탓일까? 나에게 위기가 찾아왔다. '내가 지금 어디에 있는지, 앞으로 어디서 어떻게 살아야 하는지'에 대한 걱정이 머릿속을 떠나지 않았다. 동기들은 나의 소식을 듣고 놀란 목소리로 전화하며 위로해주었다. 정신을 차려야 한다. 전역 후에 무엇을 할 것인지에 대해 진지하게 생각해야 했다.

군 생활이 끝나고 사회생활이 시작되면 삶의 목표가 바뀐다. 군에서는 사명감과 명예가 우선이지만, 사회는 철저히 '돈'이다. 일에는 귀천이 없다. 경제력 즉 돈을 가진 자가 이기는 것이 세상 이치다. 철저히 돈 버는 방법을 고민하고 고민했다. 이런저런 고민속에서 나는 지금 인생 최대의 밑바닥에 와 있고, 이 어려움을 버텨내야 한다는 생각뿐이었다.

모든 군인은 군 생활을 시작하면서 어중간한 엔딩을 상상하지 않는다. 하물며 여군들은 어떻겠는가? 군 복무가 의무도 아닌데 제 발로 찾아 들어왔을 때는 어떤 각오를 했겠는가? 모든 사람은 나름의 원대한 꿈이 있다. 즉, 자신이 바라는 가장 높은 곳까지 올라가리라 다짐하며 꿈꾼다.

충성! 저는 밀리터리 맘이지 말입니다

TIP BOX

누구에게나 마지막은 있다. 시작부터 마지막을 향해 가면서 운이 좋아 도움이 되는 사람을 만나 조금 빨리 갈 수도 있고, 때로는 조금 더디게 갈 수도 있다. 정상에 선 순간이 있으면 내려오는 순간도 있을 것이고, 아래에서부터 열심히 올라가다 보면 언젠가는 정상에 설 날이 다가온다. 지금 힘들다면, 나는 인생 최대의 밑바닥에 와 있다고 생각해보자. 그러면 이제 올라갈 일만 남은 것이다.

나의 동료가
다시 일으켜주어

아이들은 빠른 적응을 하고 있었다. 다자녀의 장점 중 하나, 자녀들이 낯선 환경에서 친구가 없어도 외로울 일이 없다는 것. 가정에서도 작은 사회를 이루어 단 하루도 똑같지 않은 분위기를 만들고 나름의 룰을 정해 놓고 놀이도 하고 다투기도 한다는 것이다. 2년 터울로 나이 차이가 많지 않다 보니 나이대 별로 느끼는 정서적인 부분도 일부 공감대가 형성된다. 그렇게 나름대로 낯선 곳의 생활에 적응해가는 자녀들을 보면서 정신을 차리고 있었다.

겉으로는 새로운 보직에서 주어진 일에 열심히 하고 있지만, 가끔 멍하니 있거나 다른 생각을 하기도 했다. 끝을 보면서 가는 길에 평정심을 유지하기란 쉽지 않다. 과거에 근무 연고가 있는 주변의 많은 사람이 내게 위로의 말을 건네지만, 공허하고 원망스러운

충성! 저는 밀리터리 맘이지 말입니다

마음은 쉽사리 정리되지 않았다. 정말 이렇게 군 생활이 끝나는 건지? 앞으로 어떻게 살아야 할 것인지에 대한 생각만 머릿속에 맴돌았다.

새로 시작하는 것처럼 나의 모든 경력이 초기화되었다. 중대장을 마치고 기무사에 차출되어 소령 계급장을 달고 있는 내내 기무사 경력뿐이다. 기무사는 진급심사도 각 군이 아닌 기무사령부에서 자체적으로 실시한 후 결과를 통보하는 방식이다. 그러나 나는 이제 육군에서 진급심사를 받아야 한다. 무엇으로 나를 내보이며 어떻게 경쟁할 수 있겠는가? 야전으로 복귀한 나를 포함한 수백 명은 앞으로 나와 같은 운명에 놓이게 된 것이다. 아무리 좋게 생각하려고 해도 긍정적인 방향으로 생각할 여지가 없었다. 암담하고 막막한 느낌이었다.

군 생활에서 진급이 전부가 아니라고 내 입으로 수없이 말했고 그건 사실이다. 하지만 이건 엄연히 다른 문제라고 생각되었다. 절대 충성 일념으로 최선을 다해 일한 십여 년이 통째로 부정당하는 것 같아 공허했다. 이런 나의 마음을 알아주는 많은 사람이 내게 희망의 메시지를 보냈고, 그들의 진심 어린 격려가 나를 버티게 한 유일한 힘이었다.

많은 사람의 간절함과 진심이 하늘을 감동시켰는지 진급에 선발되었다. 순전히 주변 동료들의 도움으로 된 것이다. 처음에는 믿어지지 않아 여러 번 확인하고 또 확인했다. 사실 진급이 안 될 것이라는 생각으로 심사 발표일에 휴가를 내고 출근하지 않았다. 발표를 직접 내 눈으로 확인할 자신이 없었다. 괜히 미안해할 동료들 보기도 민망했고, 무엇보다 손자 손녀까지 양육해주시면서 딸의 진급을 간절히 바랐던 부모님께 불효하는 것 같아 죄책감마저 들었었다.

대다수 군인들이 진급 등 진출이 좌절되었을 때 가장 먼저 생각나는 사람이 아마도 가족일 것이다. 평범한 직장인의 삶과는 다른 삶을 사는 군인들은 가족들도 함께 군 생활을 한다. 많은 희생이 요구된다. 최전방 오지 생활과 잦은 이사 등 누구라도 피하고 싶은 상황을 감내하고 살아간다. 그런 가족들에게 그나마 진급이라는 형태로 보상해주고 싶은 마음이 컸다. 하지만 진급과 경제적 보상이 나의 능력과 노력에 반드시 정비례하는 것이 아니어서 여러 가지 이유로 좌절을 맛보는 사람이 많다. 그럴 때면 미안함과 자괴감이 드는 것은 사실이다.

솔직히 어느 누가 완전히 자유롭다고 할 수 있겠는가? 나는 순전히 운이 좋았다. 많은 사람이 나에 대해 긍정적인 평가를 하면서 내가 군에서 더 봉사할 수 있는 기회를 달라고 호소한 것이다. 기쁜 소식을 가장 먼저 부모님께 전하면서 감사 인사를 드렸고 고마운 분들에게도 전화 드리며 인사를 했다. 옆에 있었다면 눈물을 보였을 것 같다. 기쁨의 눈물과 함께 급작스럽게 닥친 나의 위기의 순간들이 주마등처럼 스쳐 갔다.

충성! 저는 밀리터리 맘이지 말입니다

아이들이 할머니에게 들었는지 "엄마 진급했어요?"라고 물었다. 아이들은 진급이 무엇인지도 모르지만, 엄마와 할머니, 가족들이 모두 좋아하는 모습에 좋은 건가 보다 한다. 한참 동안 축하 인사를 받으며 행복을 만끽했다. 이제 또 다른 삶을 준비해야 한다. 야전 대대장, 또 다른 기회이자 도전이 될 험난한 시간이 나를 기다리고 있다는 생각에 막연한 두려움을 느꼈다.

TIP BOX

아프고 힘든 과거도 해피엔딩일 때는 추억이 될 수 있다. 엔딩이 나쁘면 영원한 악몽이 되어 나를 괴롭힌다. 하지만 예기치 않은 아픔들도 극복하게 되면 극복 스토리의 소재가 되어 결말이 아름다워질 수 있다. 누구나 살면서 아픔을 겪는다. 내용과 정도의 차이가 있겠지만 결론은 나의 성공 스토리의 한 테마가 될 수 있도록 노력해야 한다는 점이다. 모든 것이 내가 하기에 달려있다는 것을 잊지 말고, 넘어지더라도 툭툭 털고 일어나 웃을 수 있는 내공을 쌓아가야 한다.

지금 곁에 있는 사람과의
인연을 소중히

군 생활은 어디에서 보다 누구와 함께 근무하는지가 더 중요하다는 말이 있다. 군의 특성상 평범한 사람들은 평생에 한 번 가보지도 못할 만한 위치에 부대들이 자리 잡는 경우가 많다. 그런 곳에 발령 나면 생활환경이 불편하기 때문에 본인도 가족들도 힘든 건 사실이다. 하지만 사람은 적응의 동물이라고 했던가. 어느 정도 시간이 흐르면 빠르게 적응한다. 그 속에서도 살아갈 방법을 찾는 것이다. 만약 함께 근무하는 사람들이 좋은 사람들이라면 더욱 적응이 쉽다.

누구나 가고 싶은 수도권과 대도시의 부대에 보직이 되면 그 또한 행복한 일이다. 하지만 함께 근무하는 사람들이 마음이 잘 맞지 않거나 관계가 좋지 않으면 출근길에 머리가 무겁다. '오늘은 또

충성! 저는 밀리터리 맘이지 말입니다

무슨 일이 생길까?' 하는 두려움과 불안감이 밀려온다. 집에 있는 시간보다 직장에 있는 시간이 더 많을 때도 있다. 가족들과는 한 달이 지나도 밥 한 끼 제대로 같이 먹지 못하지만, 직장 동료와는 매일 적어도 8시간 얼굴을 맞대고 있다. 심지어 대다수가 밥도 같이 먹는다.

이건 실로 엄청난 인연이다. 나처럼 직장 때문에 별거하는 사람들은 사실 배우자보다 직장 동료와 더 많은 시간을 보낸다. 그 사람들과 서로를 위하고 즐겁게 지낸다면 금상첨화이지만 유난히 어긋나고 부딪히는 사람이 있으면 힘들어진다. 더욱이 맞추기 힘든 상관으로부터 계속적인 질타를 받으면 생지옥에 사는 것과 같은 고통이 온다. 그만큼 지금 곁에 있는 사람이 중요하다.

사람의 관계는 양방향이다. 물론 유달리 별난 사람도 있다. 하지만 대다수는 평범한 수준에 속한다. 내가 먼저 배려하고 격려하면서 웃어 준다면 면전에서 면박을 주거나 나를 피하는 사람이 그렇게 많지는 않을 것이다. 그렇게 어디를 가든지 적을 만들어서는 안 된다.

군 생활을 하다보면 다른 근무지에서 다시 만나게 되는 경우가 많다. 수평적인 위치에 있던 동료가 상관이 될 수도 있고 하급자가 될 수도 있다. 어떤 상황으로 변화될지 장담할 수 없는 곳이 군대다. 후배가 먼저 진급을 하고 직급이 높은 곳에서 나를 관리하는 사람이 될 수도 있다. 보여주기식 충성으로 만들어진 위아래 관계가 아닌 인간적인 유대감을 만들어야 한다. 그래야 나에게 위기가 찾아왔을 때 손을 내밀어 줄 것이다.

모든 게 끝났다고 생각했을 때 힘을 보태어주고 새로운 기회를 부여해 준 사람이 바로 과거에 함께 근무했던 사람들이다. 어떤 관계 속에 있었든 함께 했던 시간 속에서 '나'라는 사람에 대한 기억이 그렇게 나쁘지 않았다는 것이다. 그런 사람들이 나에게 진급이라는 영광과 기회를 제공한 것임을 확신한다. 그 사람들의 도움이 없었다면 지금의 나는 없었을 것이다.

내가 사람들과의 관계를 잘 해서 그렇게 된 것이라고 말하는 것이 아니다. 분명 나는 억세게 운이 나빠 지옥을 경험하기도 했지만, 결국에는 하늘이 도와 영광스러운 결과를 얻었다. 이 모든 것이 곁에 있는 사람들과의 인연을 소중히 여기고, 배려하려고 노력했던 마음이 전달된 덕분이라 생각한다.

TIP BOX

나중에 내게 이익이 될 사람인지, 소위 말하는 잘 나가는 사람인지는 중요하지 않다. 사람 일은 아무도 모른다. 꼭 그러한 이유에서가 아니더라도 함께 하는 사람들을 진심으로 대하지 않으면 내 삶도 즐겁지 않다. 직장 동료로서의 인연이 가족만큼이나 중요함을 명심하고 주변 사람들과의 관계 속에서 최선을 다해야 한다. 그러면 분명 어떤 형태로든 좋은 결과가 되어 돌아올 것이다.

도약, 비전을 품어라

도약하라! 목표를 품고

변화를 거듭하라

나만 힘들다고 생각 마라,
누구나 힘들다

임관 후 각자의 보직을 찾아 전국으로 흩어졌던 동기들을 십 년이 훌쩍 넘어서야 다시 만날 기회가 생겼다. 어떤 이는 가정을 꾸려 엄마가 되었고, 어떤 이는 나라와 결혼했다며 독신을 고집하며 오로지 군 생활만 하는 이들도 있었다. 세상 누구에게나 세월은 공평하다는 말을 증명이나 하듯 어렴풋한 기억 속의 옛 모습과는 사뭇 달라진 모습이었다. 얼굴을 들여다보니 그동안 어떻게 살아왔을까를 예측할 수 있을 듯도 했다. 세월이 얼굴에 새겨진 때문이리라.

십 년이면 강산도 변한다는 시간을 살면서 사람들은 일반적인 사회의 요구대로 결혼을 하거나 독신으로 살아간다. 누가 더 잘한 것인지, 누가 더 잘 살고 있는 것인지에 대해 판단할 필요는 없다.

오로지 각자의 선택이니까.

누군가는 나의 삶에 대해 부럽다는 말을 한다. 겉으로 보기에는 내 군 생활과 가정생활이 순탄하게 보였을지도 모른다. 교육 성적이 좋았고 보직될 때마다 싫은 소리를 듣거나 실패했다는 평가는 듣지 않았다. 결혼도 평범해 보이는 사람과 평범하게 했다.

동기들은 나에게 진실과 무관하게 만들어진 나의 스토리를 들려주며 부러움을 표현했다. 얘기를 들으면서 일부는 왜곡되고, 일부는 완전히 남의 얘기인 것이 더 많았지만 조목조목 반박하지는 않았다. 그래도 비슷한 삶을 살아가는 사람만이 줄 수 있는 위로가 있다. 동기들이 그런 사람이다.

과거의 힘들었던 한순간을 공유하고 같은 곳은 아니지만, 각자의 위치에서 여군으로의 삶을 살았다. 그리고 다수는 가정을 이루어 아내이자 엄마의 삶도 살고 있다. 더 무슨 말이 필요하겠는가. 말하지 않아도 서로가 위로이자 희망이다.

이십 년의 세월동안 소수인 우리가 동기간에 같은 근무지에서 함께 생활하기는 무척이나 힘든 일이었다. 그러던 중 우연히 동기와 함께할 기회가 생겼다. 함께라는 것만으로도 절대적인 아군이 생긴 듯한 듬직함을 느꼈다.

함께 하는 생활을 만끽하던 중 동기로부터 놀라운 얘기를 들었다. 대다수의 동기가 나에 대한 환상을 갖고 있었다는 것이었다. 동기 중 우수한 성적으로 임관했던 나였기에, 연관성은 전혀 없지만, 잘살고 있을 거라는 전제를 두고 '집안 좋은 장군의 아들에게 시집을 가 시댁에서 일에 전념할 수 있도록 아이들을 전담해서 양육해주어 뒷받침해주는, 소위 말해 잘 나가는 사람이 되어, 항상 밝은 얼굴로 생활하며 부대에서 인정받고 있다는 금수저 스토리의 주인공'이 되어 있었다. 정말 나의 현실과 정반대로 생각하고 있었다. 그때 동기와 서로의 삶에 대해 털어놓으며 격한 공감과 위로를 받았던 것 같다.

대다수 여군은 부대 생활 간 힘들다는 얘기를 잘 하지 않는다. 이해하지도 못할 것이고 굳이 해서 위로를 받을 것도 아니며, 그런다고 누가 알아주는 것도 아니었다. 오히려 흠이 될까 감출 뿐이었다.

그렇게 벙어리처럼 입 닫고 나만 힘든 건 아닐 것이라고 위로를 하며 살아온 시간을 처음으로 말해본 것 같다. 평범하지 않은 결혼생활, 남편의 일확천금을 바라는 허황한 꿈으로 인해 생긴 많은 빚, 다자녀를 교육하기에 힘겨운 환경, 무엇보다 과중하고 감당하기 어려운 업무와 가정생활로 무너진 나의 건강 등 너무나 힘겹고 어두운 나의 일면을 가리기 위해 항상 과장된 웃음을 지으며 단정한 모습을 보이려 노력했다는 것을 고해성사하듯 쏟아내었다.

사람들은 모두 본인이 본 대로 느낀 대로 생각하고 판단한다고 하지 않는가. 나 이외에 어느 누구도 나를 살지 않았기에 나를 오롯이 이해하기 어렵다. 그래서 사람들은 내가 보이고 싶은 모습으로 살아가는 나의 만들어진 모습을 보는 것 같다.

한 가지 더 나를 위로할 수 있는 방법은 스스로가 찾아야 한다. 항상 나는 이렇게 나를 위로한다. '나는 풍족하지 않고 빚도 많지만 당장 굶어 죽지 않을 만큼의 돈이 있고, 남들은 하나도 없는 자식이 여럿 있고 그 자녀들이 큰 문제 없이 평범하게 잘 자라고 있다. 또한 경제적으로 내게 도움을 주실 정도는 아니지만 그렇다고 도움을 드리지 않아도 스스로의 힘으로 살아가실 수 있는 부모님이 계시고, 가족 중 한 사람도 큰 병을 앓거나 아프지 않다는 점, 이것만으로 감사하고 감사하다.' 삶의 기본 세팅이라 여길지도 모르는 이러한 평범함 속 어느 하나라도 문제가 생기면 내가 천직으로 여기는 군인이라는 길도 포기해야 하는 순간이 올 수도 있다는 생각으로 감사하며 살아간다.

TIP BOX

한 가지 확실한 것은 사람들의 보이는 모습이 전부가 아니라는 것과, 조금만 더 깊이 들어가 보면 사연 없는 사람이 없다는 사실이다. 지금 내가 처한 상황이 너무 힘들다고 느껴지면 이렇게 스스로 위로해 보자. '스토리와 모습이 다를 뿐 모든 사람에게 주어지는 행복과 고통의 무게는 같다.' 이 사실을 믿으며 힘을 내자.

충성! 저는 밀리터리 맘이지 말입니다

희망이 사라지면
인생도 고갈된다

대한민국에서 여자로 태어나 군인이자 다자녀의 엄마인 나는 또한 그리 부유하지 않은 부모님의 장녀이자, 평범한 아니 사실은 가장으로서 책임감이 조금 부족한 사람의 아내이다. 'K-k장녀'라는 말이 있다. Korea(한국)의 K와 맏딸의 장녀가 합쳐진 합성어이다. 가부장제를 견디며 살아온 여성들(40대)이 쓸데없는 책임감, 심각한 겸손함, 습관화된 양보를 하는 자신들을 스스로 지칭하는 말이다.

사실 우리나라의 장남은 상징성과 희생에 이어 그에 따르는 보상이 있지만, 장녀들은 무조건적 희생을 강요받을 뿐 보상이란 없다. 스스로 나를 여기에 비유한다면 조금 과하다 할지 모르지만 누가 뭐라고 해도 나는 전형적인 K-장녀이다.

항상 나의 어깨가 너무 무겁다고 생각했다. 누구의 강요가 아니라 내가 선택한 삶이기에 힘겨워도 누구에게 말하지 못했다. 어느날 내 짐을 나눠서 짊어져 줄 것 같은 사람을 만났고 결혼이라는 걸 했지만, 오히려 그 사람의 짐마저 내가 짊어진 것 같은 중압감에 압도되어 숨이 쉬어지지 않을 때도 많았다.

이런 내가 휴식을 바랄 수는 없지 않겠는가? 휴식은커녕 직장맘으로서의 삶과 더불어 나의 발전을 위해 무언가를 꿈꾸는 것은 사치로 생각되었다. 결혼하면서부터 시부모님과 함께 살았고, 퇴근해서 집에 돌아오면 집안일도 열심히 하는 착한 며느리가 되어야 했기 때문에 책 한 글자를 볼 수 있는 여유도 내겐 없었다. 그러던 어느 날 폐결핵 진단을 받았고 내 인생에 대해 다시 한번 돌아보게 되었다.

예전에 나는 꿈이 있는 사람이었는데…. 대통령, 과학자 같은 거창한 것은 아닐지라도 어디에서 무얼 하든지 남보다 조금은 더 잘하고 싶었고, 기회가 생기면 그 기회를 잡을 수 있는 준비된 사람, 그리고 존재감 있는 사람이 되고 싶었다. 내세울 것 하나 없이 평범했던 내가 인정받기 위해서는 남들보다 몇 배나 열심히 살아야 한다고 생각했고 그렇게 살았다. 누구보다 열심히 살았는데, 후회할 것이 없을 만큼 치열하게 살았는데, 이 허탈감은….

어떻게든 답을 찾아야 했다. 어쩌면 나에게 지금이 기회일 수도 있다는 생각이 들었다. 숲속에 있으면 숲 전체를 볼 수 없다고 했

충성! 저는 밀리터리 맘이지 말입니다

던가. 내 인생을 쳇바퀴 속이 아닌 밖에서 들여다볼 수 있었고 변화를 줄 수 있는 기회로 생각했다. 나름대로 결론을 내리기 위해 생각을 거듭하던 중 답을 찾았다.

내가 이렇게 나 자신을 놓아버린 이유는, 남들과 다른 삶을 살고 싶어 하는 내가 오늘만 열심히 살아갈 뿐 미래의 비전과 나아가야 할 목표 없이 살아가고 있기 때문이라는 생각이 들었다. 내 인생의 주인공이 되어 1인 다역을 꾸역꾸역 감당하며 누구보다 열심히 살고 있지만, 정작 내일을 위한 준비가 되어 있지 않다는 것, 그것은 곧 미래도 지금과 별반 다르지 않다는 것을 의미했다. 그로 인해 희망이 사라지면서 나의 인생이 고갈되었던 것이다.

이대로 한참을 더 열심히 살아간다고 해도 다가올 미래가 지금 나의 수고로움을 정직하게 보상해 줄 것이라는 보장이 없었다. 어쩌면 내가 생각할 수 있는 최악의 상황은, 직장에서의 승급 실패, 아이들에게는 직장을 핑계로 무심했던 엄마, 항상 바쁘다며 짜증만 냈던 아내, 더불어 허약해진 건강상태…, 만약 그렇게 된다면 스스로 인생을 포기할 것만 같았다.

보상심리를 떠나 미래를 꿈꾸면서 준비하지 않는 억척같은 현실은 무의미하다는 생각에 이르렀다. 그래서 공부를 해야겠다고 결심했다. 게다가 이름만 대면 남들이 알아주는 그런 이름있는 학교에 가고 싶다는 욕심도 생겼다. 그렇게 내가 꿈꾸던 ○○○대학원에 입학했다. 군인 특별전형으로 시험을 보고 합격 소식을 듣는 순간 이미 꿈이 이루어진 것만 같았다. 이렇든 저렇든 직장과 육아를 하면서 학교에 출석하기는 불가능한 일이었기 때문에 사이버대학으로 결정했고, 간호대학 출신의 나는 평소 관심이 많았던 군 간부 생활에도 유용한 학문, 상담심리학을 선택했다.

입학의 즐거움도 잠시 공부를 하기에는 만만치 않은 환경에 맞닥뜨렸다. 동기생 대다수가 나와 같이 직장을 병행하고 있었는데 토요일이나 퇴근 후 강의를 들으며 나름대로 학습해가고 있었다.

하지만 나는 퇴근 후에도, 토요일에도 시간이 여의치 않았다. 밤 10시가 넘어야 퇴근하고 토요일은 유일하게 아이들과 시간을 보내야 하는 특별한 날이었기 때문에 학습을 위해 시간을 할애하기가 불가능했다. 결국, 잠을 줄일 수밖에 없는 상황이었다.

늦은 밤 핸드폰으로 사이버 강의를 들었다. 시부모님과 함께 좁은 관사에 살다 보니 별도의 학습공간이 없었고, 피곤해서인지 집중도 잘되지 않았다. 잠 들지 않으려고 부득이하게 이어폰을 끼고 밖으로 나가 보았지만, 여자 혼자 밤늦은 시간에 돌아다니는 것은 안 되겠다 싶었다. 그때 내 눈에 들어온 것이 자전거를 타는 사람들이었다. 혹여라도 누가 쫓아오면 도망이라도 갈 수 있고 운동도 하면서 공부도 할 수 있는 것은 자전거보다 더 좋을 수 없다고 생각했다. 곧바로 자전거를 샀고, 핸드폰 거치대와 무선 이어폰을 장착한 후 '심야 라이딩 스터디'를 시작했다.

라이딩 스터디는 분명 효과가 있었다. 하루 중 나의 미래를 위해 투자하는 시간이 있다는 것 자체만으로도 충분했다. 하지만 누구나 예상할 수 있듯 절대적인 수면 부족이 지속되면서 피로가 과중되어 몸이 천근만근으로 느껴졌고 코피도 자주 쏟았다.

입학 당시 대전에서 근무하였는데 2학기 기말고사 기간과 맞물려 서울로 근무지를 옮기게 되었다. 새로운 곳, 새로운 상관과 동료들에게 '시험 기간이라서'라며 아쉬운 소리를 할 수 없었다. 그래서 일주일간 밤을 새워 시험을 보고 리포트를 작성했던 기억이 있다.

하루하루 무언가를 배우면서 조금씩 변하고 있고, 내일을 위해 오늘 작은 것이라도 하고 있다는 것이 나를 일어서게 하는 원동력이 되었다. 졸업과 함께 주변 사람들이 나를 보는 시선도 달라졌다. 다자녀를 키우면서, 직장에서는 가장 먼저 출근하고 제일 늦게 퇴근하는 사람, 그 와중에 석사 공부를 마친 억척같은 아줌마, 그게 바로 나였다.

대학원을 마치고 난 후에도 공부를 지속했고 '뜻이 있는 곳에 길이 있다'라는 말처럼 우연히 알게 된 같은 분야의 전문가를 만나 배우며 관련 자격증(집단상담, 범죄심리) 2개를 취득했고 직장에서도 나의 전공 관련 박사학위자를 찾는 일에도 도움을 줄 수 있었다. 이런 처절한 노력과 간절함을 하늘이 알아준 것일까? 여러 번의 실패도 있었지만 우여곡절 끝에 진급도 하게 되었다.

불가능할 것 같은 환경에서도 공부하는 맷집이 생겨서인지 진급

후 새로운 보직을 받아간 부대에서도 해당 업무와 연관된 자격증 2개를 취득했다. 여성이 취득하기에는 다소 생소한 대형면허와 지게차운전기능사였기 때문에 주변 사람들에게 한참을 회자되었다.

TIP BOX

40대 중반을 넘어서는 지금, 나에게 공부는 학창시절의 공부와는 분명히 다른 의미가 있다. '나이 들어서 무슨 공부냐'라고 할지도 모른다. 하지만 학위를 취득하는 것 이상으로 중요한 의미가 있다. 직장에서의 전문성을 높여갈 뿐 아니라, 자신을 변화시켜 어제보다는 조금 더 발전된 사람으로 만들어 주고, 오늘의 피곤함을 극복하고 일어설 수 있게 하는 원동력이 된다. 아무리 바쁘고 힘들더라도 무엇이든 배우고 익혀보자. 그 수고로움이 어제보다는 조금 더 발전한 나를 느끼게 하고, 그로 인해 희망과 목표를 이룰 내일을 설레는 마음으로 기다리게 한다.

충성! 저는 밀리터리 맘이지 말입니다

아무리 바빠도
내일의 준비를 소홀하지 말자

나는 매일 아침 가벼운 화장을 하고 집을 나선다. 주말에 집에만 있는 경우를 제외하고 공식적인 출근이나 외출이 있는 날에는 거의 화장기 없는 얼굴로 있는 날은 없다. 화장이라고 하기에는 다소 거창할지 모른다. 피부 톤만 정돈하는 수준의 메이크업이지만 부족한 외모를 감추거나 보완하고 싶은 나의 의지를 실현하기에는 충분하다.

나에게 메이크업은 다른 의미가 있다. 20대에는 예쁘게 보이고 싶은 이유에서였지만 지금은 아니다. 약 20여 분 정도의 시간이면 충분하다. 그동안 나의 몸가짐을 정돈하면서 '오늘 하루도 열심히 살자, 오늘은 어제보다 조금이라도 더 나아지는 하루가 되자'라는 다짐의 시간을 갖는다. 이 시간에는 누구의 방해도 받지 않고 나에게 집중할 수 있다. 주로 명상을 하면서 하루를 살아갈 에너지를 충전한다.

직장과 가정 두 마리 토끼를 모두 잡을 수 있다는 생각으로 다른 사람보다 2~3배의 바쁜 인생을 살다 보면 어느새 시간이 훌쩍 흘러가 있다. 직장에서는 긍정적인 평가를 받기 위해 노력하고, 집에서는 자녀들의 학업 수준을 높이기 위해 수많은 정보를 수집하기도 하고 내 수준을 벗어난 경제력을 들이기도 한다. 이것만으로도 빠듯한 삶에서 정작 나 자신에게 투자할 시간과 돈은 없다. 설령 있더라도 아낄 수밖에 없다.

그렇게 정신없이 살다 보면, 직장도 그럭저럭 괜찮고 자녀들도 평범하게 성장하고 있지만, 알 수 없는 피로감과 허무함이 찾아온다. 내가 찾은 결론은 이렇다. 모든 것이 변해가고 있는 상황에서 정작 나 자신은 정체되어 있는 것 같은 두려움과 조바심에서 오는 권태감일 것이다.

어느 순간 내 인생의 발전을 위한 노력은 멈춰버린 것이다. 물론 지금은 많은 여성이 직장생활을 하지만, 나와 비슷한 세대에는 가정을 위해 직장을 포기해야 했던 여성들이 많았다. 그런 희생을 강요당한 사람들에게는 나의 얘기가 사치스럽다고 생각될 것이다. '직장을 가진 것만으로도 자신의 삶을 살아온 것 아니냐'라고 말할지 모른다. 물론 그렇다. 하지만 발전을 위한 노력을 멈추면 어느새 직장은 생계를 위한 돈벌이 수단이 되어 버려 영혼이 정체된 상

충성! 저는 밀리터리 맘이지 말입니다

태에서 껍데기만 주어진 역할을 하며 살아가는 것 같은 생각이 든다.

한동안 그런 생각들에 사로잡혀 우울증이 찾아왔다. 직장 동료들과 가족들 앞에서는 항상 웃고 있지만, 사실은 하나도 즐겁지 않았다. 즐거운 척을 하는 데는 엄청난 에너지가 소모된다. '나는 무엇을 하며 사는 것일까?' '나에게 미래가 있기는 할까?'라는 생각이 들었다. 하루하루를 열심히 살고는 있지만, 내일을 위한 준비가 하나도 없었다. 매일 똑같이 반복되는 하루에도 시간은 흐르고 아이들은 성장한다. 하지만 '나중에 무엇이 남을까?' '과연 내가 생각하는 나의 마지막 모습은 무엇일까?'라는 의문이나 준비 없이 이렇게 다람쥐 쳇바퀴 돌리듯 살 수는 없다는 생각에 이르렀다.

아무리 바빠도 내일을 위한 준비를 해야 한다. 그래야 오늘과 다른 내일을 살 수 있다. 앞으로 십 년 뒤에 좀 더 나아진 삶을 꿈꾼다면 지금 준비해야 한다. 군에서의 전역과 아이들의 독립 이후에도 평균적으로 내가 살아갈 날이 많다. 군 생활 초반이나 아이들이 어릴 때는 이런 생각 자체를 할 겨를이 없었다. 하지만 어느 날 이런 생각이 든다면 미래를 준비해야 할 때가 온 것이다.

TIP BOX

우리는 진지하게 미래를 준비해야 한다. 자신의 미래를 위한 투자에 돈을 아껴서는 안 된다. 너무 현재에만 집중하면 예측과 조정이 불가한 미래를 버텨낼 힘을 기를 수 없다. 내가 좋아하는 것을 하면서 정서적인 풍요도 느끼고, 가능하면 공부도 하면서 자신의 스펙을 쌓아야 한다. 내일 당장 위기가 닥쳐와도 당황하지 않을 준비를 잠잠하고 평온한 시기에 해야 한다.

부모의 자랑이 되고 싶은
자식의 마음

나의 군 생활의 이유 중 하나는 부모님이라고 할 수 있다. 내가 힘든 순간에도 군 생활을 포기할 수 없었던 것은 부모님께서 군인인 나를 매우 자랑스럽게 여기기 때문이었다. 특히 엄마에게 나는 자신의 인생의 전부라고 해도 과언이 아니다.

나의 엄마는 자신을 잃어버리고 평생을 살았다. 할머니는 아들을 낳기 위한 두 번째 부인이었다. 하지만 엄마와 이모, 딸 둘을 낳고 집에서 쫓겨났다. 성장하면서 엄마는 식모살이처럼 살았다. 어린 시절 엄마를 기억하는 사람들은 '똑똑하기로는 둘째가라면 서럽고 공부시키면 세상을 호령할 사람'이라고 말할 정도로 총명했다고 한다. 하지만 첩이 낳은 자식을 학교에 보내줄 이유가 없지 않겠는가. 결국, 학교 문 앞에도 가보지 못하고 집안일과 농사일을 하면서 구박을 당했다. 집을 뛰쳐나갈 기회만 엿보던 엄마는 아빠를 만나 결혼하면서 탈출에 성공했다. 그렇게 엄마는 나와 남동생 둘을 낳고 가정을 이루었다. 아무것도 없이 시작한 결혼생활이고 배운 것도 없다 보니 오로지 몸을 움직여 돈을 벌어야만 했으리라.

내 기억 속에서 엄마는 항상 부업거리를 손에 쥐고 계셨다. 인형 눈알 붙이기, 장난감 공 안에 모래넣기, 쇠방울 오그리기 등. 지금은 사라지고 없는 일들이다. 이런 갖가지 부업을 하면서 기계를 만지다 새끼손가락 한 마디를 잃어 장애 등급까지 받으셨고, 지금도 잘려나간 새끼손가락에 장갑이 끼워져 있다. 그리고 찬바람이 불면 그 손가락이 시리다고 하신다.

새벽 4시 30분, 부모님의 기상 시간이다. 단 한 번도 늦잠을 주무시는 모습을 본 기억도 없다. 레미콘 운전으로 생계를 이어가시던 아버지는 밤 12시에 되어야 집에 돌아오셨고, 그때까지 엄마도 부업을 했다. 늦은 잠자리에 드시고도 어김없이 새벽에 일어나셨다. 그렇게 열심히 살았지만 워낙 가진 것이 없어서인지 우리 집은 중간보다 조금 못사는 정도의 생활 수준이었던 것 같다.

친구들과 나눠 먹기 위해 펼치면 햄같이 비싼 반찬은 거의 없었다. 엄마 음식 솜씨가 좋아 친구들이 엄마 반찬을 좋아하긴 했지만, 나는 다른 친구들이 싸 온 햄을 실컷 먹고 싶다는 생각을 항상 하곤 했다.

어느 날 친구가 바나나를 가져와 나누어 주었다. 먹을까 말까를 한참 고민했다. 당시 바나나는 쉽게 사서 먹을 수 없는 고가의 과일이었고, 남동생이 무척이나 좋아했었다. 결국, 나는 친구에게 받은 바나나를 먹고 싶은 마음을 간신히 참아가며 남동생에게 가져다주었다. 많지 않은 어린 시절 기억 중에 또렷이 생각나는 걸 보면, 내가 먹지 못한 것이 무척이나 억울했던 것 같다.

항상 매를 들고 계셨던 무서운 엄마와 달리 천사표 아빠가 평생 단 두 번 화를 내셨는데 한 번은 먹는 것으로 싸워서, 한 번은 남동생이 나에게 대들며 몸싸움하는 것을 보셨을 때였다. 이후 자연스럽게 나는 먹는 것을 동생에게 양보했고, 동생은 나에게 힘으로 도전하지 않는 서열정리가 이루어졌다.

반면 엄마는 한 마디로 무서운 사람이었다. 얼굴에 웃음기라고는 전혀 없는 무표정한 표정을 하고 대화는 소리를 지르시거나 짜증 섞인 말투였다. 잘한 일이 있어도 칭찬은 별로 하지 않으시고 잘못한 것에는 혹독한 분이라고 할까. 그래서인지 나는 매를 많이 맞았다. 동생과 싸우거나 심한 놀이로 몸을 다쳐오거나 하면 다친 것 보다 엄마의 매질이 더 아팠던 것 같다. 동생은 나보다 더 많이 맞았다. 나는 적어도 오락실을 가고 싶어 엄마 지갑에 손을 대거나 거짓말을 하지는 않았으니까. 집 분위기가 살얼음판 같았다.

아침에 눈을 뜨면 엄마 눈치를 살피고 혼나지 않기 위해 요령껏 살았다. 그때는 내가 잘살고 있는 건지, 우리 부모님이 어떤 분인지에 대해 생각해보지 않았다. 가족이라는 존재는 잘나고 못나고,

좋고 나쁜 것을 따질 것이 아니라 그냥 같이 살아가는 것이라고 여겼다.

돌이켜 생각해보니 엄마는 자식을 위한 인생을 살 뿐이었다. 단한 번도 본인의 인생을 사신 적이 없는 것 같다. 환갑이 될 때까지 그 흔한 단풍놀이나 여행 한 번을 가신 적이 없다. 무슨 말이 필요하겠는가? 내가 가정을 이루고 부모가 되어보니 그 희생의 깊이를 헤아려보게 된다.

결혼한 후 시부모님의 모습을 보면서, 엄마의 투박함과 억척스러움에 대해 다시 생각하게 되었다. 부모의 사랑을 받지 못한 결핍이 평생토록 서러우셨을 것이고, 가난한 집안을 일으키기 위해 한 순간도 쉬지 않아야 한다는 생각을 실천하며 살아온 엄마가 너무나 안타깝게 느껴졌다.

언제부터인가 나는 엄마와 동년배 여성들이 선호하는 물건들은 엄마가 말하지 않아도 다 해드리려고 했다. 돈이 없으면 대출을 받아서라도 말이다. 그리고 또 한 가지, 엄마 스스로 자신은 보잘 것 없으며, 아무것도 가진 것이 없다고 느끼는 엄마의 자랑이고 싶은 마음이 컸었다.

엄마는 항상 학교를 다니지 못한 것에 대한 아쉬움이 있었고, 이를 감추려고 무던히도 애쓰신 것 같다. 자식들이 부끄러워할까 봐두려워 말씀하지 않으셨다. 언제인지 정확한 기억은 없지만 자연스럽게 이 사실을 알게 되었지만 나는 아무렇지도 않았다.

충성! 저는 밀리터리 맘이지 말입니다

그런 부모님에게 내세울 것이라고는 자식의 성공뿐이지 않겠는가. 그래서 특출나지는 않지만 나의 초등학교, 중학교 시절 곧잘 했던 공부를 자랑삼으셨고, 고등학교 시절에는 회장에 선출된 것으로 으쓱하셨다. 무엇보다 군에 입대해 장교가 된 것을 무척이나 자랑스럽게 생각하셨다.

난 사실 무엇을 하든 열심히 했다. 이유는 두 가지다. 하나는 나의 부족함을 알기 때문에 남들과 비슷한 수준을 유지하거나 조금이라도 앞서기 위해 남들보다 부지런해야 한다고 생각했기 때문이고, 두 번째는 내가 하는 일에서 인정받고 성장하여 부모님의 자랑이 되고 싶어서였다.

이런 부담감이 힘겹다고 느낄 때도 가끔은 있었다. 아파도 아프다고 말하지 못하고, 포기하고 싶어도 포기하지 못하고, 힘들어도 쉬지를 못했다. 군 생활을 그만두고 싶다는 생각이 들 정도로 힘든 순간이 있었지만 그럴 수 없었다. 결혼생활도 그랬다. 결혼 전 꿈꾸던 결혼생활과 너무나도 다른 현실에 포기하고 싶은 순간이 많았다. 하지만 누구나 이 정도 고통은 참고 산다며 스스로 채찍질하면서도 선뜻 포기할 수 없는 상황이 더 답답했다.

하지만 죽을 것 같던 힘든 순간이 지나가고, 어느 정도의 결과도 이루었고 나 자신의 안정감도 찾았다. 내 아이들 양육을 위해, 내 인생을 위해, 자신의 인생을 다시 희생하기로 결정하신 부모님과 동거를 시작했고 함께 살아가고 있다.

TIP BOX

틀니를 사용해야 해서 먹는 것이 부실한 탓에 야윈 몸으로 지금 이 순간도 가만히 계시지 않는 엄마를 보면 존경심과 안쓰러움이 교차한다. 성공이 무엇인지, 어떻게 해야 자랑스러운 자식이 될 수 있는지 잘은 모르지만 나는 계속 노력하고 있다. 그래서 나로 인해 자신의 인생을 잘 살았다고 평가하는 엄마의 자랑이 되고 싶다. 너무나 간절히⋯. 이것이 자식이라는 이름으로 살아가는 우리들의 비슷한 마음일 것이다.

충성! 저는 밀리터리 맘이지 말입니다

존중, 마음을 잡아라

존중하라! 마음을 얻는 자가

진정한 리더다

부드럽고 따뜻한 카리스마가
성공할 수밖에 없는 이유

군, 사회 및 조직 등 어디를 막론하고 리더의 중요성에 대해서는 말하지 않아도 알고 있을 것이다. 유능한 리더는 성공을 이끌어 오지만 무능하고 무책임한 리더는 조직을 몰락의 길로 이끌어 간다. 특히 군대에서는 어떤가? 군의 리더는 이끄는 조직뿐 아니라 국가의 존망에 영향을 줄 수도 있다. 그래서 시대를 넘어 항상 공부하고 연구되어 온 분야가 바로 리더십일 것이다.

　과거에는 오로지 리더를 중심으로 한 권위적인 리더십이 통하는 시대였고, 상황에 따라서는 효과를 발휘할 수 있었겠지만, 장기적으로 보면 조직을 경직되게 만들고 부하와의 소통이 단절되어 생명력을 잃은 조직을 만든다. 예전의 일방적이고 권위적인 모습이 힘과 권력의 상징으로 여겨졌던 시대는 지났다. 요즘 세대의 장병들은 예전과는 확연히 다르다. 학업의 수준도, 개개인이 가진 능력도 모두 뛰어날 뿐 아니라 합리적이고 비판적이기까지 하다. 논리적으로 이해가 되지 않거나 비이성적인 강압을 거부한다. 조직의 존폐를 앞세우더라도 일방적인 통제에는 거부감을 느끼고 심지어 저항할지도 모른다.

요즘 장병들은 자녀 하나둘 있는 가정의 자녀로 태어나 귀한 보살핌을 받으며 자라난 세대이다. 유년시절부터 어머니와 다수의 여성으로 구성된 학교 선생님들의 영향을 받고 자랐다. 그렇게 애지중지 귀여움받고 자라온 이들이 성인이 되어 군대에 가기를 꺼린다. 군대는 강압적이고 권위적이어서 실수가 용납되지 않고, 심지어 상식이 통하지 않을 것 같다는 염려 때문일 것이다. 분명 우리 아버지 세대들은 그런 군 생활을 했을 가능성이 있다. 아버지 세대의 군대는 아직도 20, 30년 전 모습 그대로일 것이다. 그러니 자연스럽게 그들 또한 자녀들의 군 복무를 피하고 싶어 한다. 아니면 입대를 앞둔 자녀를 걱정하며 눈물을 흘리기도 한다.

이들 장병들을 움직일 수 있는 힘은 과연 무엇일까? 명령이나 통제, 강요보다는 부드럽고 이성적인 설득을 통해 자발적인 참여와 창의성을 이끌어내야 하는 것이다. 즉 큰소리친다고 해결되는 시대는 지났다. 상대에 대한 존중과 배려를 통해 스스로 움직이도록 하는 힘을 가져야 한다.

여군뿐 아니라 모든 군 간부들이 한 번쯤 자신의 리더십에 대한

충성! 저는 밀리터리 맘이지 말입니다

도전을 받아보았을 것이다. 과연 내가 간부로서 자질이 있는지? 부하와 조직을 이끌어 갈 능력을 갖추고 있는지에 대한 고민을 할 수밖에 없다. 나 또한 스스로 리더로서의 능력에 대해 수없이 반문하고 고민했다. '여자라고 무시하면 어쩌지, 내 말을 따르지 않고 맞서거나 웃어버리면 어떻게 할까' 등등 갖가지 상황을 염려하며 걱정했었다.

하지만 나의 걱정과 달리 여성 간부인 나를 리더로 환영하는 의견이 훨씬 많았다. 지휘관 부임 후 장병들 부모님과의 소통으로 충분히 알 수 있었다. 지금 세대의 장병들과 부모님들은 여성의 부드럽고 따뜻한 리더십을 더 선호했다.

여성이라는 것을 의식해서 인지 모를 일이지만, 일단 투박하지 않음에 거부감이 줄었고 편안함을 느꼈다. 또한, 조직 생활에서 순리를 거스르는 일도 가급적 하지 않았다. 즉, 병사들은 자신의 상관이 남자든 여자든 그 부분은 중요하게 생각하지 않았으며, 지휘 관계나 계급의 높고 낮음, 조직의 생리에 대해 잘 알고 있기 때문에 자신의 위치에 맞게 행동하고 자신을 위해주는 리더를 믿고 따랐다.

적어도 소대장, 중대장, 대대장 직책을 수행해오면서 여성이라는 점이 장점으로 작용했다고 말할 수 있다. 임관 후 첫 보직 때 남자 흉내를 내어보겠다고 연기하듯 생활할 때는 이중적인 생활에 힘든 점도 많았다. 그때는 약해 보이는 모습은 여성임을 내세워 조직 생활을 편하게 하려는 것으로 오도될까 봐 두려웠다. 그것은 곧 군 생활을 포기하는 것과 같았다.

TIP BOX

20여 년 넘게 군 생활을 하면서 증명할 수 있는 것은, 여성들의 섬세하고 따뜻하면서도 감성이 살아있고, 어떤 상황에서도 칭찬해주는 리더십이 지금 시대가 요구하는 리더십이라는 점이다. 강한 인상을 남기기보다 깊고 잔잔한 감동으로 가슴에 새겨지는 리더가 되어 보자.

충성! 저는 밀리터리 맘이지 말입니다

진심어린 소통과 배려는
조직을 탄탄하게 한다

지휘관으로 부임하게 되었을 때 가장 먼저 했던 일이 용사 부모님들께 개별적으로 전화를 드려 인사하는 것이었다. 부모님들과 통화를 해보면 성장환경과 관계를 엿볼 수 있었기 때문에 병력관리에 많은 도움이 된다. 또한, 같은 맥락에서 신병이 전입을 오면 부모님이나 여자친구와 영상통화를 하도록 해주어 긴장을 풀어준다.

"저도 애가 셋이고 아들이 둘이나 있어요. 제 자식처럼 잘 돌보겠습니다. 걱정하지 마세요."

"네~, 마음이 놓여요. 우리 애가 오냐오냐 자라서 눈치도 없고 잘 모르고 강압적인 분위기를 잘 못 참는데, 여군지휘관님이니까 정말 안심되어요. 오늘부터 발 뻗고 잠 잘 수 있을 것 같아요."

"잘 훈련 시켜서 멋진 군인으로 만들고 건강하게 집으로 돌려보내겠습니다."

이렇게 다짐하며 전화를 끊는다. 이로 인해 용사들은 '잘 적응해야지'라는 다짐을 하게 만들고, 부모님들께는 군을 신뢰하게 만드는 계기가 된다.

또한, 용사들과 면담할 때는 항상 이렇게 나의 마음을 전했다.

"나는 지휘관으로서 소임을 다하고 군 복무를 무사히 잘 마칠 수 있도록 최선을 다할 것을 약속한다. 그러니 나를 믿고 항상 솔직하게 소통하며 가족처럼 지내자."

혹자는 군대 면담에서 부적절한 말이 아니냐고 반문할 수 있겠지만, 이런 말로 인해 긴장을 풀고 전입 시부터 밝은 표정으로 금방 적응한다. 더불어 이런 지휘관의 지휘 스타일이 여타 간부들이나 용사 간의 관계에도 전염이 되어 부드러운 분위기가 유지된다.

최근 대대장 시절 소통을 위해 노력했던 일상을 소개하고자 한다.

매일 아침 나의 첫 일과는 용사들과 눈을 마주치고 대화를 나누는 것부터 시작했다. 이 시간은 용사들의 건강상태와 컨디션을 짐작하게 하고, 서로 간의 갈등 여부를 확인하기에도 용이했다. 물론 시작부터 대화하기보다는 음악을 들으며 분위기를 풀어주었다. 핸드폰을 블루투스로 연결하고 세대가 다른 나의 애창곡(7080)을 먼저 듣고, 이후에는 용사들의 애창곡을 함께 들었다.

노래 선곡만 보아도 용사의 성향과 그날의 컨디션을 알 수 있었다. 음악을 들은 후 음악에 담긴 각자의 추억 이야기나 러브스토리를 전하기도 하면서 편안하게 하루를 시작했다. 그런 후 오늘의 일과와 훈련목표, 개인 임무 등에 대해 설명하고 궁금한 점을 해소해 주었다. 그러다 보니 자연스럽게 업무 효율성이 높아졌고, 이로 인해 항상 밝은 병영 분위기를 유지할 수 있었다.

최근 코로나19 감염병으로 지금껏 경험하지 못한 어려움을 겪으면서 군도 예외일 수는 없었다. 외부와의 접촉을 단절해야 하는 상황에 절망했고, 용사들에게는 무기한 출타 제한 조치가 내려졌다. 하늘이 무너지는 듯했다. 사실 처음에는 잠시 이러다가 말겠지 싶었지만 여러 달을 넘어서면서 일상이 되어가는 고립감과 무기력함에 대책을 세워야 했다.

감염병과의 싸움에 앞서 세상과의 단절을 덜 느끼기 위한 다양한 방법을 동원했다. 먼저, 외출이나 외박을 나가면 가장 먹고 싶은 음식 공수에서부터 시작했다. 역시나 삼겹살, 치킨, 피자, 떡볶이, 끓인 라면 등 몇 가지로 좁혀졌고 수시로 외부에서 사서 영내로 가져와 함께 나누어 먹었다. 라면을 먹는 날에는 깜짝 이벤트로 김밥 재료를 사와 취사장에서 밥을 지원받아 주임원사와 함께 직접 싸서 병사들에게 먹이기도 했다. 이렇듯 순간순간 감동을 주며 단조로운 시간을 극복하려고 노력했다.

또한 교육훈련 및 부대운영 간 흥미와 성과를 높이기 위해 '포상 휴가증이 걸린 전투왕 선발대회'를 개최하여 게임을 접목한 소부대전투기술(임무형 보호태세, 군장결속 등) 훈련도 했었고, 전 대원 태권도 승단심사에 도전하여 급수를 올리는 등, 명확한 목표를 세워 간부들과 함께 성과를 이뤄내기도 했다. 그리고 마니또를 선정해 알게 모르게 서로 대화하고 챙겨주는 분위기도 만들었다. 다소 유치한 듯 보이지만 효과는 톡톡히 보았다.

어떤 날에는 '언택트 가요제'라는 명명하에 서로의 숨은 노래 실력을 뽐내기도 했다. 노래방 마이크를 사서 개개인이 앱을 통해 자신의 노래를 녹음해 출품하는 형식이었다. 제각각 취향에 맞는 노래를 했고, 모든 용사들의 목소리를 알아 맞출 수 있을 것이라는 나의 호언장담이 무색해질 정도로 평소 목소리와는 다른 매력을 발산하여 놀라웠다. 특히 이등병, 일병들의 반란에 모두 깜짝 놀랄 수밖에 없었다. 그렇게 계급사회라는 특성을 넘어 서로 인간적인 친밀감을 키워 나갈 수 있었다.

이와 같은 노력의 결과, 제한된 인원만 휴가가 허용되는 때에도 "다른 전우들을 위해 방역수칙을 꼭 지키라." 하는 나의 당부를 어긴 이가 하나도 없었고, 이로 인해 나의 대대장 임기 2년간 대대원 중 단 한 명도 코로나에 감염되지 않았다. 이는 각자의 노력을 넘

충성! 저는 밀리터리 맘이지 말입니다

어선 기적에 가까운 단결력이라고 자평한다. 이 모든 것은 작다고 여겨질지 모르는 소통과 배려의 노력 속에서 어느새 탄탄해진 조직력 덕분이라고 생각한다.

군대는 전쟁에서 이길 수 있도록 강한 훈련을 하고, 또한 나라와 전우를 위해 기꺼이 목숨을 내놓을 수 있는 사명감과 단결력이 필요한 극한 조직이다. 이러한 조직일수록 상하, 동료 간의 친밀감과 배려가 더욱 필요하다. 그로 인해 조직이 탄탄해져야 어떤 상황에서도 무너지지 않고 임무를 완수하고 전쟁에서 승리할 수 있다. 이런 조직 속에 리더의 역할은 더욱 중요할 수밖에 없다. 죽음이 눈앞에 보일지언정 리더가 "돌격 앞으로"라고 외칠 때 주저 없이 앞으로 나갈 수 있는 조직은 한순간에 만들어지지 않는다. 이는 평소 지휘관으로부터 받은 소통을 통한 배려와 신뢰를 부하들이 되돌려 주어야 가능한 것이다.

TIP BOX

군대에서는 부하들과 소통하고 진심으로 배려하면 그 이상의 충성심으로 되돌아온다. 즉, 리더십의 본질은 사람의 마음을 움직이는 것에 있음을 명심해야 한다. 그리고 여기에다 여성 특유의 부드러운 카리스마를 리더십 발휘에 활용한다면 존경받는 리더가 될 것이라 확신한다.

신뢰받은 부하들이
훌륭한 리더를 만든다

모든 인간관계의 기초는 신뢰다. 일반 조직이나 기업을 운영하는 것도 마찬가지이지만 군이라는 조직에서 신뢰는 조직의 근본일 수밖에 없다. 신뢰는 리더십을 발휘하기 위한 기초가 된다. 튼튼한 집을 짓기 위해서는 튼튼한 주춧돌을 놓아야 하듯이 강한 조직을 만들기 위해서는 먼저 신뢰를 쌓아야 한다. 리더에 대한 부하들의 신뢰 없이 리더십을 발휘하는 것은 불가능하다.

신뢰는 부하들이 리더를 믿고 따르고자 하는 마음이 있을 때 형성된다. 어느 한쪽의 믿음만으로는 이루어지지 않는다. 따라서 리더가 먼저 부하들을 믿어야 한다. 모두가 같을 수는 없으니 다소 신뢰감이 떨어지거나 불안할 수도 있겠지만 그럼에도 불구하고 리더라면 부하들을 믿어야 한다.

다소 믿음이 덜 가는 부하라도 리더가 철저하게 믿어주면 쉽게

충성! 저는 밀리터리 맘이지 말입니다

배신하거나 실망시키지 않는다. 부하들을 독립된 인격체로 여기고 믿어주면 그들도 믿음으로 보답하기 마련이다. 즉, 리더가 대우하는 대로 부하들도 리더를 대우하게 된다.

부하들을 믿지 못하면 정상적인 지휘를 할 수 없다. 부하들을 믿지 못하면 모든 일을 리더가 직접 하거나 확인해야 하고, 확인하고 나서도 다시 불안해질 것이다. 모든 일을 리더 혼자 처리하는 것은 절대 불가능하다. 어떤 상황이 되더라도 부하에 대한 믿음과 애정을 포기해서는 안 된다.

부하들이 리더를 믿는 것도 멋진 일이지만, 리더가 부하를 믿는 것은 더욱 멋진 일이다. 리더가 부하들로부터 신뢰를 받지 못하면 그 영향력은 사라질 것이다. 신뢰받는 리더는 그 존재만으로도 구성원들에게 자기가 속한 조직이 성공할 것이라는 희망을 준다.

어느 날 부하로부터 4장 빼곡히 정성스럽게 적은 손편지를 받았다.

저에게 대대장님은 일곱 번째 대대장님이십니다. 행운의 숫자 7이기도 하면서 제 군 생활의 마지막 대대장님. 비록 진급은 못 했지만 저는 이 행운에 너무나 감사하고 있습니다. 작년 진급에 비선된 후 자존심에 군 생활에 대한 뜻을 접었고, 대대장님 부하로 오면서 돈 받는 만큼만 일하자는 생각이었습니다. 사람은 믿어주는 만큼 자라고, 아껴주는 만큼 여물고, 인정받는 만큼 성장한다는데 무얼 하든 항상 믿고 맡겨주시고 인정해주시니 자신감이 넘쳤고 일이 너무 즐거웠습니다. 저의 목표는 진급도 있지만, 후배들에게 많은 것을 알려주어 여느 부대에 견주어 부끄럽지 않게 하는 것과 대대장님을 사단에서 최고로 만드는 것입니다. 다음 보직으로 이동해야 하는 것은 장교의 숙명이니 겸허히 받아들이되, 그때까지 항상 믿고 응원해주시는 대대장님께 충성을 다하겠습니다.

갑작스런 편지를 건넨 부하, 진급에 비선되어 어깨에 힘이 쏙 빠져버린 부하의 훌륭함을 알았던 나는 누구보다 가슴 아팠고, 본인이 얼마나 최고인지를 느끼게 해주고 싶었다. 무엇보다 억지스러운 신뢰가 아닌 마음속 깊은 곳에서 우러나오는 믿음을 바탕으로 한 관계 속에서 진심을 그대로 느끼는 듯했다. 사실은 부하들을 바라보며 '내가 저 계급이던 시절, 저렇게 잘하지 못했는데'라는 생각에 자신을 돌아보게 되고, 부하들을 바라보며 스스로 채찍질할 수 있었다. 이 부하는 군에서의 꿈을 접으려던 찰나에 나의 신뢰와 격려를 받고 다시 힘을 내어 최선을 다해 생활하고 있다.

군인들은 계급 구조 속에서 나의 능력과 희생의 정도가 반드시 합당한 결과로 이어진다는 보장도 없는 희망을 안고 살아간다. 하지만 군인은 자신을 믿어주는 사람을 위해 목숨을 바친다고 했던가? 나 또한 힘든 시간을 보내면서도 상급자(상관)로부터 신뢰와 애정을 받을 때는 힘들다는 생각이 들지 않았던 것 같다. 나의 그

충성! 저는 밀리터리 맘이지 말입니다

경험을 떠올리며 리더로서 제각기 다른 모습과 장점을 가진 부하들의 긍정적인 면을 바라보며 부대를 지휘했고, 그 덕분에 우리는 항상 최고가 될 수 있었다.

요즘 세대를 MZ 세대라고 한다. 1980년대 초에서 2000년대 초 출생한 밀레니얼 세대와 1990년대 중반에서 2000년대 초반 출생한 Z세대를 통칭하는 말이다. 이들은 모바일과 디지털 환경에 익숙하고 최신 트랜드와 남과 다른 이색적인 경험을 추구하는 특징을 보인다. 통상적으로 세대의 특징과 세대 간의 차이를 사회적 경향의 다름으로 얘기하곤 하지만, 군에서는 이를 직접적으로 체감할 수 있다.

다양한 계급과 직책으로 구성된 군 조직의 특성상 대대급으로부터 최상위 부대까지 모든 조직에 MZ 세대인 용사들로부터 X세대 (1960년대와 1970년대 베이비붐 세대 이후 태어난 세대)까지 함께 살아간다. 각 세대별로 뚜렷한 차이가 있는 이들이 함께 살아가기 위해서는 소통을 위해 엄청난 노력이 필요하다. 리더로서 신뢰를 받으며 제대로 된 역할을 하는 것이 얼마나 중요한지를 짐작할 수 있다.

소대장, 중대장, 대대장 시절을 돌아보면 당시 용사들과 부하 간부들의 성향에서 극명한 차이를 느낄 수 있다. 최근 지휘관 시절을 상기해보면 요즘 용사들은 전형적인 MZ 세대의 특징을 가지고 있고, 군에서도 이러한 용사의 특징을 이해하기 위한 다양한 노력들이 이루어져 왔다. 기본적인 성향의 차이에 대한 이해를 넘어 국가 방위라는 공통의 목표를 가지고 한 방향으로 이끌어야 한다. 더욱이 눈에 잡히지도 않고, 개인 이익도 전혀 없다고 생각되는 애국심과 사명감 마저 불어넣어야 하니 리더들은 끊임없이 고민할 수밖에 없다.

하지만 서로에 대한 신뢰를 바탕으로 소통이 이뤄지면 엄청난 시너지 효과를 발휘하는 조직이 될 수 있다. 나 또한 지휘관 부임을 앞두고 며칠 밤낮 잠을 설치며 했던 고민이 바로 이런 것들이었다. 그래서 항상 '엄지 척'을 하며, 부하 개개인의 역량을 인정하고 믿어주어, 매 순간 소통하기 위해 노력했다.

TIP BOX

우리 조직은 항상 최고라는 명성을 얻었고, 그럴 때면 나는 부하들에게 "역시 너희들은 최고다. 내가 어떤 것을 상상하더라도 항상 그이상의 결과를 보여주는 최고의 군인이다."라고 칭찬할 수 있었다. 리더의 역량이 조직의 역량이라는 말이 항상 머릿속에 맴돌며 나를 긴장하게 하고 노력하게 했지만, 결국 내가 신뢰하는 훌륭한 부하들로 인해 훌륭한 리더가 될 수 있었다.

충성! 저는 밀리터리 맘이지 말입니다

스토리가 있는 군 생활로
인생의 전환점을 만들자

병역이 의무인 대한민국에서 간부의 역할은 매우 중요하다. 안보 상황이 여타 나라와 다른 우리나라는 모집이 아닌 징집제도를 채택하고 있고 그로 인해 자신의 의지와 상관없이 병역의 의무를 다해야 한다는 것이 인생의 큰 부담으로 느껴지는 것은 어쩔 수 없는 사실이다. 그런 젊은이들을 조직이라는 이름으로 모아놓고, 그들과 함께 예측할 수 없는 불확실한 미래와 전쟁에 대비해야 하는 곳이 군대이고, 그 조직을 싸움에서 이길 수 있게 만들어야 하는 것이 바로 리더이다.

훈련소 시절을 마치고 자대로 전입을 와 첫 면담을 하게 되면 환영의 인사와 함께 군대의 중요성과 제 역할을 강조하며 항상 처음 하는 질문이 있다. '군 복무 간 목표가 무엇이냐?'라는 것이다. 다수의 장병은 '낯선 환경에 잘 적응하고, 건강하게 집으로 돌아가는 것'이라고 대답한다. 물론 가장 중요한 것이 그것이고, 그렇게 할 수 있도록 지휘관으로서 최선을 다할 것이라며 이렇게 말한다. "모두에게 똑같이 주어진 1년 6개월이라는 시간 동안 목표를 설정해 보자."라고….

군에도 일과라는 것이 있고 당직 근무나 훈련을 제외한 일과 이후의 시간은 철저히 보장된다. 예전 군대에서 핸드폰을 사용하지 못하던 시절에는 대부분 운동을 하거나 생활관에서 티브이를 보고 대화를 나누며 휴식을 취했다. 하지만 지금은 각자 이어폰을 끼고 자신만의 시간을 즐긴다. 확연히 달라진 병영 생활 풍경에 놀랐고, 핸드폰 사용으로 아까운 시간을 허비하는 것 아닌가 하며 조바심이 나기도 했다.

하지만 핸드폰으로 세상과 접할 수 있다고 여기는 장병들은 군이 주는 폐쇄된 생활이라는 특유의 압박감 속에서 조금은 자유로울 수 있었고, 나아가 자신이 하고자 하는 목표가 있다면 군에서도 연속성 있게 진행할 수 있다. 이로 인해, 군을 기피하는 첫 번째 이유인 '군대는 인생의 단절이고, 죽은 시간이다'라는 생각을 해소할 수 있게 되었다.

핸드폰을 통신 수단으로만 여기는 우리 세대와 달리 '포노 사피엔스'라고 불리는 MZ 세대들은 그 속에서 인생을 설계하고 그들만의 인생을 살아간다. 뉴스와 요즘 가장 핫한 영상도 보며 시대의 흐름을 읽고, 좋아하는 음악을 들으며 힐링을 하거나 글을 쓰며 작

충성! 저는 밀리터리 맘이지 말입니다

가를 꿈꾸기도 하고, 못다 한 공부를 하기도 한다.

리더(지휘관)로서 장병들이 건강한 군 생활을 할 수 있도록 도와주는 방법 중의 하나가 바로 군복무 이후의 삶을 설계하거나 준비할 수 있도록 돕는 것이다. 목표 의식과 비전이 있는 장병들은 어려운 일이 생겨도 쉽게 포기하지 않고, 긍정적으로 바라보는 탄력성을 갖게 된다.

사실상 우리나라의 사회적 분위기가 인생의 목표를 명확히 설정하고 공부하는 것이 아니다 보니, 고등학교를 졸업하거나 대학에 진학 후 군에 입대할 때까지 인생의 목표를 생각하는 이들이 많지 않다. 그저 어른들이 하라는 대로 하면서 살아왔기 때문이다. 그러다 군에 오면 처음에는 막연한 불안감을 느끼게 마련이고, 시간이 지나면서 진지하게 자신의 인생을 생각하게 된다.

나는 군 복무 기간을 인생의 터닝포인트로 만들어 주어야 한다는 생각으로, 매우 진지하게 독자적으로 각자의 인생을 고민하게 만들었다. '내가 하고 싶은 것이 무엇인지, 평생 직업으로 삼고 싶은 것이 무엇인지, 그렇다면 지금 내가 무엇을 해야 하고, 할 수 있는 것은 무엇인지'를 생각하게 하고 실제로 행동에 옮기게 했다. 그로 인해 중고등학교를 중퇴한 용사가 검정고시를 준비하고, 성적에 맞추어 들어간 대학을 과감히 접고 자신이 원하는 공부를 찾아 수능시험을 다시 보거나, 편입학을 결심하는 용사도 생겨났다. 또한, 보디빌더가 꿈인 용사는 매일 체력단련실에서 운동을 할 수 있도록 배려했고, 작가를 꿈꾸는 용사는 자신만의 공간에서 글을 쓸 수 있도록 배려했으며, 그의 첫 독자가 되어 감상평을 쓰고 격려의 메시지도 건네었다. 물론 고민 중인 용사에게는 생각할 수 있는 충분한 시간과 여유를 주었고, 결정의 시간이 길어지면 독서의 힘을 빌리도록 유도했다.

젊은이들이 군 입대를 기피하는 이유인 '군 생활이 사회와 인생에서의 단절'이라는 문제를 해소하고, 오히려 인생을 살면서 가장 중요한 시간이 될 수 있도록 만들어 가는 것도 지휘관의 몫이라고 생각했다. 나에게 누군가가 20대 초반에 이런 이야기를 해주고, 계기를 잘 만들어 주었다면 나의 인생이 '지금보다는 더 풍요롭지 않았을까?' 하는 아쉬움을 느끼며 부하들에게 군인으로서뿐 아니라 부모, 인생 선배의 마음으로 중요한 메시지를 전해주려고 했다. 앞으로도 모든 용사들이 전역할 때 가슴속에 무언가 하나를 품을 수 있도록 만들기 위해 노력할 것이다.

TIP BOX

인생의 목표와 꿈이 있는 사람은 자기비하에 빠지거나 우울감을 덜 느끼고 긍정적인 생각을 하는 힘이 생긴다고 한다. 사회적 통념이 주는 군이라는 조직 속에서 건강한 군 생활을 유도하기 위한 많은 방법이 있겠지만, 요즘 세대의 장병들에게 과거의 리더십을 답습해서는 효과를 보기가 쉽지 않다. 지금은 같은 생각을 하는 천편일률적인 한 덩어리로서의 조직이 아닌, 각자의 다른 모습이 잘 어우러진 조직을 만들어 가는 리더가 필요한 시대이다.

선택, 겁먹지 말아라

포기마라! 두 마리 토끼

모두 잡을 수 있다

군화를 숨기고 싶어하는 아이들의
엄마이자 군인, 밀리터리 맘

나는 자랑스러운 대한민국 군인이다. 그리고 여자이고, 또한 다자녀의 엄마이다. 여군의 꿈을 꾸며 군에 지원할 때는 압도적으로 많은 남성과의 경쟁에서 살아남을 수 있을까 하는 의문과 두려움에 망설이기도 했다. 하지만 숱한 내적 두려움을 극복하고 여군이 된후에 또 다른 갈등에 봉착하게 되었다. '결혼과 출산'이라는 사회적 과업을 놓고 선택의 기로에 선 것이다. 물론 나보다 앞서간 세대의 부모님들은 결혼과 출산이 선택의 문제이냐고 반문할 수도 있겠지만 지금 나와 우리 세대에게는 중차대한 고민거리 중 하나였다. 왜냐하면, 내 꿈을 이루기 위한 삶을 살면서 동시에 가정을 이루어 누군가의 아내로서, 엄마로서 잘 살아낼 수 있을 것인가를 고민하게 되었기 때문이다.

어쩌다 인간의 자연스러운 삶의 과정이었던 결혼과 출산이, 할지 말지를 놓고 고민하는 시대가 되었을까? 여성의 사회적 진출이 높아지면서 저변에 감춰져 있던 일하는 엄마들의 애환이 공공연히 회자 되는 것과 무관하지 않을 것이다. 더불어 기성세대의 여성 즉, 우리 부모 세대에서도 결혼과 출산으로 경력 단절되면서 오로지 가정을 위해 희생해 온 삶을 안타까워하는 마음에 같은 과정을 반복하고 싶지 않은 이유도 있을 것이다.

그만큼 일과 양육을 같이 한다는 것이 쉽지 않다는 것은 이미 많은 사람이 공감하고 있다. 그렇다면 여군들은 어떨까? 모르긴 몰라도 일반 회사와는 다른 특수한 근무 환경과 예측 불가능한 여러 가지 상황 속에서 전전긍긍하는 일이 훨씬 더 많음을 짐작할 수 있을 것이다.

일정한 시간에 출근과 퇴근을 할 수도 없고, 한 곳에 머물며 안정된 생활을 할 수도 없다. 비상상황 발생으로 급작스럽게 소집이 되는 경우가 다반사이며, 훈련이나 국가적 위기 등 불안정한 안보 상황으로 장시간 집을 비워야 하는 일이 일상적인 곳이 바로 군대이다. 이런 환경 속에서 아내와 엄마의 역할을 동시에 수행하는 것이 가능할 것인가? 생각해보면 답은 부정적일 확률이 높다. 즉, 배우자나 부모님, 보육 도우미나 시설 등 누군가의 도움 없이는 사실상 불가능하다고 보아야 한다.

나는 지독한 독신주의자였다. 이유 중 하나는 성장환경에서 바라본 엄마의 모습이 적지 않은 영향을 주었다. 적어도 내 눈에 비친 엄마는 본인의 인생을 산 적이 없었다. 오로지 가정을 지키고 자녀의 공부와 성장을 위해 무한 희생을 하는 그런 존재였다. 그리고 그런 희생이 자식을 자라게 한다고 믿고 살아온 분이었다. 그래서 젊은 시절을 잃어버린 부모 세대를 보면 너무나 안타깝다.

그런 내가 다자녀의 엄마가 되었다. 물론 철저한 가족계획에 의한 것은 아니었기 때문에 당황했지만, 그래도 하늘이 주신 선물들의 서툰 엄마가 되었다. 돌이켜 보면, 임신한 후에 그 사실을 직장에 알리는 것부터 엄청난 용기가 필요했고, 출산휴가는 그렇다 치더라도 육아휴직은 하겠다고 결심하는 순간 직장에 소홀한 사람으로 낙인찍혔다. 그래서 나는 다자녀를 출산하면서도 모두 합해 단 6개월간의 휴직이 전부였다.

백일도 되지 않은 아이를 남의 손에 맡길 용기가 없어 부모님의 손을 빌릴 수밖에 없었고 어느 정도 크고 나서는 출근할 때마다 군화를 집어 들고 현관문을 가로막아 서고는 눈물을 터트리는 아이들 때문에 출근길은 항상 눈물바다였다. 그리고 부모님이 힘들어 양육할 수 없게 되면서는 집에 상주하며 양육하는 보육 도우미를 구해야 했다. 하물며 이사가 잦다 보니 옮겨 다닐 때마다 새로운 사람을 구하거나 아니면 기존 사람에게 차비와 수고비까지 더 주고 고용하기도 했다. 결국, 내 월급은 고스란히 보육 도우미에게 옮겨가는 모습이었지만 경력단절이 되지 않기 위해서는 선택의 여지가 없었다.

지금은 친정엄마가 양육을 도와주고 있다. 희생의 아이콘인 엄마는 손자, 손녀까지 돌봐주시며 생의 후반부를 살아가고 계신다. 너무나 죄송스럽지만, 직장에서 인정받고 상위로 진출하는 것만이 은혜에 보답하는 길이라 여기고 열심히 생활하고 있다.

요즘은 십여 년 전 내가 가정을 이루었을 시기와는 분명 차이가 있다. 언제부터라고 딱 꼬집어 말할 수는 없지만, 여성의 사회진출이 높아지면서 '결혼과 출산은 선택'이라는 인식이 높아졌다. 더불어 유능한 여성의 사회진출을 지속하면서도 결혼과 출산율을 높이기 위해 '일과 가정의 양립'을 보장하는 다양한 정책들이 쏟아져 나오고 있다. 그로 인해 많은 여성이 몸과 마음은 고달프지만 두 마리 토끼를 모두 잡을 수 있다는 의지를 굽히지 않고 살아간다.

사실 정책보다 더 중요한 것이 사회적 인식이다. 예전처럼 남성 동료들이 면전에서 싫은 표정을 짓거나 임신과 출산을 감안해 함께 근무하기를 꺼리는 일도 드물다. 또한 중요 직책에 올라가는 기회도 배제시키지 않는다. 물론 차이는 있겠지만 적어도 사회적인 큰 흐름은 일하는 엄마들이 사회적 지위를 유지하면서 가정생활을 양립할 수 있는 방향으로 눈에 띄게 변하고 있다.

그렇다면 군대는 어떠한가? 예전이라면 상상할 수도 없을 만큼의 엄청난 변화의 바람이 불고 있다. 여성들의 비율뿐만 아니라 지위나 직책의 중요도도 날로 높아져 가고 있다. '저출산으로 인한 병역 감소'라는 사회적 문제는 군내 여성 진출의 불가피함을 더욱

충성! 저는 밀리터리 맘이지 말입니다

부추겼다. 이에 발맞추어 여군들이 군 생활과 가정을 양립할 수 있도록 하는 제도적 장치들도 계속 보완 중에 있다.

TIP BOX

밀리터리 맘으로 과도기적 시대를 살아가고 있는 한 사람으로서 같은 문제나 상황으로 힘들어하거나 망설이고 주저하는 이들에게 나의 힘들었던 과거가 위로의 메시지와 도전의 기회가 되길 희망한다. 하루하루 전쟁하듯 살아오다 어느덧 시간이 흘러 뒤를 돌아보니 '아~ 그때 그렇게 했으면 좋았을걸' 하는 아쉬움과 '이건 꼭 알았으면 싶다' 하는 것들이 많다. 그것들을 앞서거니 뒤서거니 같은 고민을 안고 동시대를 살아가는 이들에게 나의 이야기로 미리 귀띔해 주고 싶다. 지금의 나보다 더 풍요롭고 건강하며 희망적인 삶을 살아가기를 바라는 인생 선배의 애정 어린 오지랖일지도….

출산을 앞두고
계단에서 굴러 떨어지다

중대장 임기를 마치고 새로운 보직을 맡게 되었을 때 지휘관 직책을 수행하느라 미뤄두었던 2세 소식이 찾아왔다. 임신하면 지휘관 보직을 계속할 수 없기 때문에 기혼 여군들 중 많은 인원이 필수 보직을 마치고 난 후 출산을 계획하곤 했다. 당시에도 물론 계획한 임신은 아니었다.

군 생활에 대한 욕심이 많았던 나는 임신을 원치 않았다. 지휘관이 끝난 시점이어서 시기적으로도 그렇게 나쁘지만은 않았지만 당혹스러운 마음이 더 컸다. 축복받아야 할 경사인데 눈앞이 막막해지며 눈물이 났다.

당시는 여군의 임신을 반기는 분위기가 아니었으므로(혼자만의 *생각일 순 있겠지만*) 눈치가 많이 보이는 건 사실이었다. 직업을 가

충성! 저는 밀리터리 맘이지 말입니다

진 여성들의 임신과 출산이 여성 개인의 과업으로 여겨졌던 시절이었다. 특히 군인이라는 직업의 특성상 신체활동이 많고, 위험성 있는 일들도 많다 보니 행동에 제약이 따르는 임신 사실을 반가워할 수만은 없었다. 어떻게 말을 꺼내야 할까 하는 걱정만이 머릿속에 가득 찼다.

나는 임산부에 대한 사람들의 선입견이 싫었다. 지금은 상상이 되지 않을 정도로 과거에는 직장 내에서 임신을 바라보는 인식이 호의적이지 않았고, 적어도 당시에는 어떤 일을 함에 있어 임산부는 배려의 대상이라기보다는 제외의 대상이었던 것이 사실이다. 사회적 인식이 그렇지 않았다고 반박할지라도 적어도 여성들은 그렇게 느끼며 살아왔다. 그러다 보니 자연스럽게 여군들도 알아서 임신과 출산의 시기를 고민하고 미루곤 했다. 이런 제한사항들로 인해 결혼하지 않으려는 동료들도 꽤 많았던 것으로 기억한다.

달리기와 체력단련, 훈련 등 격한 신체활동이 평상시 업무이다 보니 임신 사실을 마냥 숨기고 버틸 수도 없는 노릇이었다. 그렇게 고민을 거듭하다 보니 스트레스와 피로가 더해져 유산의 위기가 닥쳤고 급기야 부랴부랴 부대에 알리고 병원에 입원해야 했다. 일주일간의 입원으로 업무상 여러 가지 차질이 초래되었지만, 오히려 임신으로 인해 흔들리고 불안했던 마음을 정리하는 계기로 삼았다. 여러 생각을 접고 일단 건강하게 출산해야겠다는 목표에만 집중하기로 마음먹었다.

물론 부대(직장)에서는 임신 여군이 있으면 자유롭지 못한 신체 활동과 당직 근무 제외 등 부대 운영에서 고려해야 할 것들이 많고, 부재 시 불가피하게 인접 동료들이 해당 여군의 과업을 대신해야 하는 상황이 발생하다 보니 불편할 수 있다는 것을 백번 이해하는 마음이지만, 임신했다는 이유만으로 나의 업무 능력이 가려지고 군과 일에 대한 열정이 적은 것으로 비치는 일부 통념이 안타까웠다.

임신은 죄가 아니지 않냐며 스스로 위로하기도 했지만, 남군이라면 고려하지 않아도 되는 상황들에 본의 아니게 다른 동료들에게 피해를 주어 미안한 마음도 컸다. 단지 내가 할 수 있는 건 출산 후 최선을 다하는 모습으로 그동안 동료의 수고로움을 갚아 주어야 한다는 생각뿐이었다.

그렇게 조심했지만, 출산이 임박했을 때쯤 사고가 생기고 말았다. 첫아이 임신으로 체중이 급격하게 불어나기도 했고, 일에서 손을 놓을 수도 없어 나름대로 부지런히 움직이며 일을 하다 돌계단에서 발을 헛디뎌 계단을 몇 바퀴 굴러 바닥에 떨어졌다. 물론 중간에 손을 짚으면 구르던 계단에서 멈출 수도 있었지만, 본능적으로 배를 움켜쥐고 웅크리다 보니 몇 바퀴를 굴렀던 것 같다. 너무 갑작스러운 사고에 나 자신도 놀라서 정신을 차릴 수가 없었다. 주변의 시선과 내 몸의 고통 따위는 생각나지도 않았다. 단 한 가지 아기가 무사한지 만이 염려되어 눈물이 흘러내렸다.

충성! 저는 밀리터리 맘이지 말입니다

동료 직원이 차를 갖고 나를 데리러 올 때까지 그 자리에 앉아 배를 감싸 안고 있었다. 병원으로 향하는 동안에는 두 가지 생각만 했다. '아기에게 아무 일도 없어야 할 텐데'와 '부대에 염려를 끼쳐 미안합니다. 미안합니다'라고. 긴장한 탓에 배가 뭉치면서 통증이 있었지만 배를 쓰다듬으며 이상이 없기만을 바랐고 아이가 대답해 주길 바라는 마음으로 소리 없이 부르고 또 불렀다. '기쁨아, 기쁨아, 제발…' 다행히도 내 몸의 멍 자국을 제외하고는 큰 문제가 없었다. 물론 나의 통증과 상처는 중요하지 않았다. 나 자신보다 아이를 먼저 생각하게 되는 것, 그렇게 엄마가 되어가고 있었다.

그후 부대의 배려와 평탄치 않은 시간을 넘어 동료들의 도움을 받으며 여군 엄마로서 살아가게 되었다. 출산휴가를 마치고 시부모님께 양육을 지원받으며 화려한 컴백(복직)을 했다. 군 생활을 시작한 지 7년, 새로운 보직을 받을 때마다 처음 같은 마음가짐이 되지만 이번에는 달랐다. 이제 나는 혼자가 아니었다. 아이를 두고 출근길에 나서는 것이 힘들어 '캥거루처럼 배 속에 아기를 넣고 다니며 키울 수 있다면 좋겠다'라는 생각을 수백 번도 넘게 했던 것 같다.

TIP BOX

'앞으로 과연 어떤 일들이 생길까?' 엄마로서의 삶을 예측할 수 없었던 나는 직장과 엄마라는 두 마리 토끼를, 모두 잡아서 보기 좋게 성공해 보이겠다고 다짐했었다. 예전과는 분명히 다른 환경일 것이라는 걱정이 앞섰지만 해보지도 않고 미리 겁부터 먹지는 않으려 노력하며 밀리터리 맘으로서의 삶을 시작했다.

충성! 저는 밀리터리 맘이지 말입니다

화장실에서 유축하고
밤새워 젖을 물려

출산 후에 곧바로 몸 상태가 예전처럼 회복되지 않지만, 티를 내고 싶지 않았다. 당직 근무를 비롯한 모든 업무를 가감 없이 정상적으로 해낼 것이라 결심했다. 많은 동료가 나의 출산 휴가 복귀를 기다리고 있었고, 다시 내 위치를 찾은 나는 그동안의 공백을 만회하려 몸을 아끼지 않고 열심히 근무했다.

사실 50여 일간 출산 휴가를 보내면서 산후조리를 제대로 하지는 못했다. 돈이 아까워 산후조리원에 들어가지도 않고 집으로 곧장 퇴원한 나는 내 몸을 돌볼 겨를이 없었다. 출근해야 한다는 생각에 휴가 동안만이라도 아이에게 최선을 다하고 싶었다. 또한 출근 후 양육을 도와주실 시부모님께 죄송한 마음에 출근 전까지만

이라도 내가 오롯이 아이를 돌보는 게 도리라는 생각에서였다.

경력단절을 하지 않겠다는 생각에 출산휴가 이외의 별도 휴식 기간 없이 복귀했다. 몸이 힘든 가운데 또 한 가지 욕심을 부렸다. 적어도 1년은 모유를 먹이겠다는 것이었다. 퇴근 후에는 가능했지만 근무 중에는 어떻게 할까 고민하던 끝에 유축기를 구입했고, 직장에서 유축해 냉동실에 보관했다가 집에 가져다 놓으면 낮 동안 냉동된 모유를 녹여 아이에게 먹일 수 있었다.

하지만 이 또한 정말 쉽지 않았다. 경험이 있는 사람은 짐작하겠지만 제때 젖을 짜주지 않으면 엄청난 통증이 있고 젖몸살을 앓게 된다. 젖몸살은 출산의 고통보다 더 하다는 얘기가 있을 정도로 고통이 심하다. 통증도 통증이지만 유축을 제대로 못 하면 젖이 겉옷 밖으로 새어 나오고, 그런 현상이 지속되면 젖의 양도 점점 줄어들게 된다. 설상가상으로 일부가 남아서 응고되면 염증이 생겨 고열이 나는 젖몸살로 이어진다. 또한, 음식도 먹고 싶은 것을 마음대로 먹을 수가 없다. 맵고 짜고 자극적인 음식을 먹으면 그 모유를 먹은 아기가 탈이 날 수 있기 때문이다. 이런저런 어려움에도 엄마로서 아기의 평생 건강을 위해 지금 꼭 해야 할 일이라는 생각에 포기할 수 없었다.

당시에는 지금처럼 군에 여성이 필요한 시설이 갖추어져 있지 않았다. 편의시설은 고사하고 화장실도 별도로 없어 남자 화장실 중 한 칸을 구분해서 쓰는 정도였다. 그러다 보니 불가피하게 화장실에 앉아서 유축을 했다. 그마저도 유축 하는 소리가 밖으로 세어 나갈까 봐 유축기를 수건으로 둘러싸야 했다. 퇴근 후 밤에는 2~3시간 단위로 젖을 먹여야 하다 보니 잠을 제대로 잘 수가 없었다. 거의 매일 침대 곁에 기대고 앉아 아기에게 젖을 먹이다, 앉아서 잠이 들고 깨기를 반복했다. 날이 갈수록 피곤이 쌓이고 몸은 점점 야위어 갔다.

덕분이라고 해야 할까? 첫 아이 임신과 함께 30KG 정도 늘어났던 체중이 급격히 감소하기 시작했다. 하지만 체중이 줄어드는 것이 마냥 즐겁지만은 않았다. 갑작스런 체중감소로 인해 몸에 기력이 없어지고 피곤함이 심해졌다. 하지만 누구에게도 나의 어려운 상황을 말하지 않았다. 아니 말할 사람이 없었다. 부대에 여자라고는 나 하나뿐이었기 때문에 말해도 이해하기 쉽지 않을 것이고, 그렇다고 누가 대신해 줄 수도 없는 일이 아닌가. 또 누가 그렇게 하라고 시킨 것도 아니니, 오롯이 내가 감당해야 할 일이었다.

당직 근무 때는 아기를 직장으로 데려와 젖을 물린 적도 있다. 이렇든 저렇든 업무 일정이 항상 계획된 대로 되는 것도 아니고 제시간에 유축하지 못하는 상황이 반복되니 애로사항이 이만저만이 아니었다. '요즘 분유도 좋은데 꼭 모유를 고집할 필요가 있을까' 라며 포기하고 싶은 마음이 생기기도 했지만, 지금 아니면 못하는 것, 아기에게 모유는 평생의 면역력이라는 사실을 알면서 직장과 나의 피곤함을 이유로 포기하기 것은 엄마로서의 도리가 아니라는 생각에 차마 끊지 못했다. 시간이 갈수록 점점 모유의 양이 줄어가고 있었지만 힘겹게 모유 수유를 이어갔다.

그러던 어느 날 부대의 수검 일정을 앞두고 준비할 것이 많아 야근과 이른 출근을 반복했다. 사실 몸이 너무 힘들었다. 몸 상태가 나빠진 징후가 역력했지만 무시했다. 수검 준비는 완료되었고, 이제 잘 받기만 하면 되는 상황이었다. 수검을 주도해서 받아야 하는 직책에 있는 내게 문제가 생겨서는 안 되었다. 그리고 나는 출산으로 인한 공백으로 힘들었던 부대에 보답하고 싶었다.

수검이 시작되었다. 2박 3일의 일정이었다. 첫날 직무에 대한 평가가 있었다. 이 또한 준비를 열심히 하였고 만점을 받았다. 그리고 부대 행정 및 예산 등에 대한 수검이 이어졌다. 그렇게 1일 차 수검을 마치고 2일 차가 되었다. 몸이 너무 이상했다. 가까스로 출근해 책상에 앉아 있는데 몸에서 열이 올라가기 시작하더니 40도 가까이 불덩이처럼 변했다. 이대로는 안 되겠고, 뭐라도 해야 할 것 같아 자리에서 일어서려는데 균형을 잃고 그대로 쓰러졌다. 말 그대로 난리가 났다. 바로 옆에 있던 동료가 나를 데리고 부랴부랴 병원으로 향했다. 출산 후 제대로 회복하지도 못한 상태에서 과로와 영양부족으로 인해 면역력이 나빠져 고열과 함께 몸의 균형이 깨어진 것이다.

그 와중에도 내게 열나고 아픈 건 문제가 아니었다. 아니 아프면 안 되었다. 수검이 끝나면 말하고 쉬려고 했다. 하루 이틀만 더 버티면 되었는데…. 나는 누구보다 간절한 마음으로 밤낮없이 열심히 준비했고 물론 성과도 좋았다. 하지만 수검을 받던 중 쓰러지는 상황으로 인해, 또 지휘관에게 불충했다는 생각에 자괴감에 빠져 쥐구멍에라도 들어가고 싶은 심경이었다.

출산한 지 딱 1년 만이었다. 1년간 아무런 불평도 아쉬운 소리도 하지 않았다. 순간순간 힘들다는 생각이 들었지만 '일에 집중하지 못하는 워킹맘'이라는 인식을 주지 않으려 버티고 버텼다. 하지만 수검 결과와 상관없이 누구보다 나를 걱정해주고 배려하려고 마음 써 주신 지휘관에게 좋은 모습을 보이지 못했다는 생각에 자책해야 했다.

시간이 흘러 다시 일상이 시작되었고, 조금은 더 익숙하고 능숙한 모습으로 육아와 직장을 함께 감당해가고 있었다. 앞으로 이렇게 두 인생을 살아야 했다. 직장과 가정 둘 중 무엇이 더 중요하고 덜 중요한지 순위를 매길 수는 없지만, 부모님의 도움을 받고 있는 나는 직장을 우선순위에 두고 있었다.

엄마가 좀 미숙해도 누가 뭐라고 말하지 않지만, 직장에서는 냉정한 잣대로 나를 평가할 뿐만 아니라 나의 이런저런 상황을 봐주지도 않는다. 그리고 누구도 나의 힘듦을 알지 못한다. 누군가 알아주기를 바라서도 안 된다. 경험하지 못한 데서 오는 무지일 수 있지만, 정확히 말하자면 아무도 관심이 없는 것일 것이다. 이렇게 여자이기 때문에 감당해야 하는 불가피한 일들로 주변 동료들에게 피해를 주면 안 된다는 생각으로 살았다. 그때는 '여자가 무슨 직장이냐, 여자가 잘 되면 얼마나 잘 될 거라고, 시집가서 애 잘 키우고 남편이 벌어다 주는 돈으로 편하게 살면 그만이지'라고 생각하는 사람도 많았고, 그런 말을 내 앞에서 공공연히 하는 사람도 있었다. 지금이라면 '말도 안 되는 소리다'라며 발끈하겠지만 당시에는 "그러게 말입니다. 저도 이게 웬 사서 고생인지 모르겠습니다."라며 웃어넘겨야 했던 시절이었다.

TIP BOX

쉽지 않은 환경 속에서 나는 두 마리 토끼를 쫓기 시작했다. 물론 내가 생각하는 마지막 모습은 보기 좋게 두 마리 토끼를 모두 잡아 승전보를 올리는 것이었고, 나에게 할 수 있다는 자신감을 끊임없이 불어넣으며 주문을 걸고 또 걸었다.

충성! 저는 밀리터리 맘이지 말입니다

분유를 잘 못 먹여
토하는 줄도 몰랐던 초보 엄마

한 가정의 첫째 아이로 태어나는 것은 분명한 축복이다. 세대를 막론하고 기다림 속에 찾아온 첫 아이는 모든 가족의 극진한 사랑을 받을 만한 충분조건이 만족된다. 첫째 아이, 딸(태명 기쁨이)도 마찬가지다. 사실 계획한 임신이 아니어서 당황도 했지만, 나의 분신 1호를 만났던 순간은 잊을 수 없다. 너무나 소중하고 신기하기까지 했다. 지상의 고통 중 가장 크다는 출산의 고통을 잊을 만큼 말이다. 임신 도중 유산의 위험이 있어 병원에 입원하기도 하고, 계단에서 굴러떨어지기도 하면서 지켜온 아이였다.

그러다 보니 세상에 태어나면서부터 웬만큼 클 때까지 땅바닥에 누워있거나 혼자 본인의 발로 서 있을 시간조차 없을 만큼 사랑을 독차지했다. 첫 손주를 보신 시부모님도, 첫 조카를 본 고모나 삼촌도 너나 할 것 없이 서로 안아주겠다고 쟁탈전을 할 정도였으니 말이다. 이렇게 모든 가족이 번갈아 가며 항상 안고 업고 다니며 땅에 내려놓지 않았다. 그러다 보니 18개월이 넘어서야 겨우 제 발로 일어서서 걸을 수 있었다.

모두가 하나같이 극성맞은 사람이 되어 있었다. 혹여나 말을 못 하는 아이가 다른 사람에게 무슨 일이라도 당할까 걱정되어 5살이 될 때까지 어린이집에 보내지 않았다. 직장맘인 나로인해 양육을 도와주시던 시부모님께서는 주인에게 시중드는 머슴처럼 첫 손주의 일거수일투족을 살피며, 물이 먹고 싶다는 시늉만 해도 물을 먹여주고, 배고프다는 말을 할 찰나도 없이 먹을 것을 주었다.

나 또한 함께 있는 동안에는 시선을 떼지 않았고, 놀이터나 키즈카페를 가도 피곤한 몸을 이끌고 한순간도 쉬지 않고 헌신적으로 놀아주었다. 사랑을 많이 받은 자녀는 뭐가 달라도 다를 것이라는 기대감과 사회성도 좋고 훌륭한 사람으로 커갈 것이라는 막연한 믿음으로 최선을 다해 애정을 쏟았다. 주변 어디를 둘러봐도 나만큼 희생적으로 눈높이를 맞추어 자녀와 놀아주는 사람은 없어 보였다.

시간이 흘러 말도 할 줄 알고 걷고 뛰고를 자유롭게 할 때쯤 기쁨이를 유치원에 보냈다. 그런데 예기치 않은 걱정거리가 찾아왔다. 그렇게 애정을 쏟은 아이가 친구나 선생님께 의사 표현을 제대로 못 하고, 친구들에게 먼저 다가가 함께 노는 방법도 모르는 듯했다. '온 가족이 모든 애정을 쏟았는데, 아이가 왜 이러지?'라는 의문이 생겼지만, 시간이 지나면 좋아지리라 생각하며 대수롭지 않게 애써 외면했다. 그런데 초등학교에 들어가서도 크게 달라지지 않았다. 적어도 내 눈에는 아이가 너무 소극적이고, 심지어는 적응력이 떨어져 보였다. 저러다 친구들에게 왕따를 당하거나 폭력을 당하는 건 아닌지 무서운 생각마저 들었다.

고민 끝에 내가 직접 친구를 만들어 주어야겠다고 생각했다. 좋아하는 친구를 집으로 초대하고, 집을 방문한 아이에게 몰래 용돈까지 주어가며 기쁨이와 친하게 지내 달라고 부탁했다. 억지로라도 친구를 만들어 주고 싶었다. 그리고 성격이 다소 남자 같은 친구를 찾아 같이 놀게도 하면서 조금은 당찬 성격으로 변해가기를 바랐다.

큰 우려와 달리 기쁨이의 순하고 착한 성격을 친구들이 좋아해 주었다. 물론 기쁨이가 여러 친구보다는 단짝 친구 몇몇을 유난히 좋아하는 성향이긴 하지만 나름대로 잘 적응하는 것 같아 가슴을 쓸어내렸다.

왜 그럴까 생각해보았다. 내 성격도 만만하지 않고, 아빠도 마찬가지인데 소심해 보이는 성격을 가진 아이가 처음에는 이해가 되지 않고 화가 나기도 했다. 물론 첫째 아이의 이러한 성격으로 인한 고민은 우리 집만의 것은 아니었다. 주변의 많은 집에서도 비슷한 고민을 하고 있었고, 하나같이 별난 동생한테 치이는 형, 누나라며 성토를 하고 있었다.

기쁨이 아래로 남동생 둘이 생기고 다자녀를 함께 키우면서 깨달았다. 기쁨이의 이러한 성격이 모두 준비가 미흡하고 무지한 엄마 때문에 생긴 것이라는 것을…. 물론 기쁨이가 태어날 때부터 타고난 성격도 있고, 군인이라는 직업의 특성상 잦은 전학도 이유라면 이유이겠지만, 그보다 아이를 양육하는 방법을 제대로 몰랐고, 배우려고도 하지 않았던 이유도 있었다. 특히 집안의 첫째 아이가 가진 특권일지 모를 과하다 싶은 사랑을 받으면서 굳이 말로 하는 수고로움이 없어도 엄마, 아빠, 할머니, 할아버지, 고모, 외삼촌 등 어른들이 알아서 다 해주다 보니 후천적으로 생긴 성격이 아닌가 생각되기도 했다.

하지만 반대로 첫째 아이는 미숙한 엄마, 아빠의 온갖 실수를 받아내면서 성장한다. 잘 먹여야 한다는 생각만으로, 분유량 비율이 틀려 점성이 높아진 분유를 아이가 소화할 수 없는 양의 음식을 먹여 자주 토하게 하고, 이유를 찾으려고 노력하기는커녕 '원래 잘 토하는 아이인가 보다' 하며 토하고 나면 또 배가 고플 것 같아 다시 먹이기를 반복했다. 아이는 나날이 통통해져 갔다. 옛날 어르신 말씀처럼 엄마 젖이 좋아서 그런가 하기도 하고, 토실토실한 아이가 잘 크고 있다는 증거라고 생각했다. 모든 걸 내 마음대로 낙관적으로 생각하며 자고로 아이는 잘 먹고 통통하게 커야 한다며 수시로 먹을 것을 주었다. 아이는 많이 먹어 토하면서도 어른들이 주

충성! 저는 밀리터리 맘이지 말입니다

는 음식을 모두 먹으려 했던 것 같다. 아마도 자신의 잘 먹는 모습을 좋아하는 어른들을 의식한 행동이 아니었을까?

시간이 흘러 유치원에 가게 되면서 그제야 또래 아이들의 모습이 눈에 들어왔다. 기쁨이는 심한 과체중이었다. 여자아이지만 또래 남자아이보다 체격이 크고 체중이 많이 나갔고, 그러다 보니 발표회 등에서 무거운 악기(북 등)를 도맡아 들고 연주했다. 그냥 잘 크고 있다고만 생각했는데 의식하지 못한 사이에 우리 아이는 그냥 비만도 아닌 고도비만이 되어 있었다.

6살 딸아이 몸무게가 38kg. 또래 아이들보다 두 배나 많이 나가는 것이었다. 병원에서는 살이 더 찌면 조숙증이 오고 성장이 멈출 수도 있다는 진단을 내렸다. 왜 한 번도 문제라고 생각하지 않았을까? 나 자신이 원망스럽기도 하고, 아이에게 무슨 일이라도 생길까 봐 무서운 생각에 눈물이 났다. 하늘이 무너지는 것 같았다. 무조건 체중을 줄여야 한다. 적게 먹고, 운동하고…. 너무 쉬운 공식인데 6살 아이에게는 강요할 수 있는 문제가 아니라는 생각이 들었다. 이미 커질 대로 커진 위장 때문에 계속 배는 고플 테고, 아이에게 무조건 식욕을 참아내라고 하는 게 과연 가능한 일인가 싶었다.

하지만 선택의 여지가 없었다. 딸아이도 의사 선생님의 이야기를 직접 들었고, 할 수 있겠냐는 나의 질문에 할 수 있다고 했다. 본인도 친구들에 비해 큰 몸집의 자신이 부끄러웠는지 살을 빼야 한다는 말을 이해하는 듯했다. 그날부터 밥양을 반으로 줄이고, 하루 2시간 이상 자전거를 타게 하고 달리기를 하며 운동하기 시작했다. 평소에는 시부모님이, 주말에는 내가 맡았다. 기쁨이와 바로 밑 동생은 스스로 자전거를 타지만 어린 막내는 어른이 끌어주는 자전거를 태워야 했기에 나는 호루라기로 자전거 탄 아이들을 통제하며 계속 뛰다시피 하면서 막내를 끌고 온 동네를 돌아다녔다.

군인들이 모여 사는 아파트이다 보니 대다수가 아는 사람들이어서 나는 유명인사가 되었다. 억척스럽게 세 아이를 운동시키는 엄마로⋯. 일반 여성에 비해 체력이 좋은 군인이다 보니 가능했는지도 모른다. 이후로도 산책, 달리기, 축구, 태권도 등 온갖 종류의 것들로 몸을 움직이게 했다. 그렇게 최근까지 함께 운동하기를 이어왔고, 지금은 등산을 좋아하시는 친정엄마에게 양육을 맡기다 보니 할머니 손에 이끌려 산에 오른다. 물론 지금도 먹는 것에는 둘째가라면 서러운 아이지만 표준체중이고 내 눈엔 이 세상에서 가장 예쁜 딸이다.

아찔한 순간들을 때때로 겪어오면서 내린 결론은, 자녀의 모습은 부모 행동의 결과물이라는 것이다. 때문에 엄마로서 과업을 성공적으로 이루기 위해서는 공부도 해야 하고, 아이와 함께 성장해야 한다. 그냥 바쁜 일상에서 되는 대로, 닥치는 대로 살아가더라도 시간은 흘러가고 아이는 자라난다. 하지만 홀로서기가 가능한 완전한 성인을 만들기 위해서는 부모의 역할이 매우 중요하다고 생각한다. 첫째 아이를 양육하면서 겪은 실패와 부족함을 교훈 삼아 둘째, 셋째 아이는 나름대로 원칙을 세워 양육하고 있다.

TIP BOX

양육에 있어 정답은 없지만, 부모가 되기 위해서는 분명한 준비가 필요하다. 즉, 공부해야 한다. 공부할 시간과 여력도 되지 않는다면 최소한 주변을 둘러보기라도 하면서 귀와 눈을 열어 듣고 보고 배워야 한다. 주변을 둘러보라는 것이 잘 하고 못 하고를 주변과 비교하라는 것이 아니라, 비추어 보면서 반성하고 배우고 발전해야 한다는 것이다. 그래야 나와 같은 치명적인 실수를 하지 않을 테니까….

이사 전쟁,
첫째 아이 초등학교만 네 번 전학

군인가족들의 대표적인 고충 중 하나가 이사가 잦다는 것이다. 남들은 평생 살면서 한두 번 할까 말까 한 것이 이사이다. 특히 장교는 통상적으로 1~2년이면 보직을 옮겨야 하고 그럴 때마다 대다수 이사를 한다. 나 또한 군 생활 20여 년간 열 번 정도 이사를 한 것 같다. 독신일 때는 이사가 그리 어렵거나 큰 문제가 아니었다. 하지만 가족이 생기고 나니 보통 복잡한 일이 아니었다.

다음 보직이 어느 정도 윤곽이 나오면 이사를 가기 전 휴가를 내어 해당 지역을 먼저 찾아간다. 사전 검색해 놓은 어린이집과 유치원을 꼼꼼히 살펴보고 장단점을 종합한다. 물론 이것저것 가릴 것이 아니니 모든 곳에 지원서를 넣어야 한다. 원서만 넣는다고 되는 것도 아니다. 선발투표 결과도 지켜봐야 하고 만약 자리가 없다면 계속 전화하면서 도와 달라고 요청을 해야 한다.

출산율은 낮다는데 어린이집과 유치원은 왜 항상 자리가 부족한 것인지 의문이다. 초등학교 입학을 하면 오히려 이사 가면서 이런 걱정은 하지 않아도 된다. 주소지를 옮기면 자동으로 학교가 배정된다. 하지만 학교 입학 전에는 이왕이면 평이 좋은 유치원에 보내기 위해 정보전쟁을 치르고 입학 원서를 넣으려고 밤새워 줄을 서기도 한다.

내 경우는 다자녀 모두를 옮겨야 하다 보니 상황은 더욱 어려웠다. 어린이집과 유치원 모두 한곳에 있는 곳을 선택해야 양육을 도와주는 할머니가 덜 복잡하다. 아이들이 다니는 곳이 다르면 등하원 시간이 달라 매일 아침저녁 몇 번씩 나왔다 들어갔다를 해야 하고, 현장학습 등 일정이 달라져 도시락도 몇 번씩 싸야 하고, 무엇보다 엄마 참여수업을 위해 여러 번 직장에 아쉬운 소리를 해야 한다. 그런 점을 모두 고려하다 보니 복잡하고 어려웠다.

당시에는 남자 동료들이 부러웠다. 육아와 이사 같은 가정의 일은 와이프가 알아서 모두 해주니 신경 쓸 것이 없어 보였기 때문이다. 여군들이 가끔 우스갯소리로 하는 말이 있다. "나도 남편 말고 와이프 있으면 좋겠다."라고. 엄마인 나는 하나부터 열까지 내가 알아서 해야 한다. 직장도 가정도….

자녀가 많다 보니 집도 가능한 1층으로 이사를 해야 했다. 그렇지 않으면 아이들이 뛰어서 아랫집에 피해를 준다. 아무리 소음방지 매트를 두세 겹씩 깔고 애들에게 주의를 주어도 기본적인 소음은 있다. 그러다 보니 1층을 선호할 수밖에 없었다. 관사가 오래되고 낡아 대다수가 1층을 선호하지 않기 때문에 1층에서 사는 것이 어렵지는 않았지만, 여름에는 덥고, 겨울에는 춥고 습하여 벌레도 많이 나오는 환경이 좋지 않았다. 하지만 선택의 여지가 없었다. 그래서 주로 1층에서 살았다.

시간이 흘러 첫째 아이가 초등학교를 들어갔고 아이들이 친구를 사귀면서 이사를 꺼려했다. 그래서 군인가족은 가족들과 별거를 하는 사람들이 많다. 이사와 전학에 대한 스트레스와 학업 문제로 아이들이 어느 정도 성장을 하면 자연스럽게 정착을 하려 하고 군인인 아빠나 엄마가 혼자서 옮겨 다니는 경우가 많다. 나는 아이들과 떨어져 있고 싶지 않아 무조건 함께 다니자고 했다. 결국, 첫째 아이는 초등학교를 4번 전학하는 상황이 생겼다.

첫째 아이는 그런 상황에서도 큰 불만을 표시한 적이 없었다. 순하고 착한 성품 때문이라고 생각했었고, 엄마의 직장으로 인한 것이니 당연히 이해하고 있으리라 짐작했다. 하지만 둘째, 셋째 아들들이 초등학교를 들어가고 이사를 하게 되자 '친구들이 있어서 전학가기 싫다'는 것이었다. 첫째 아이가 한 번도 내비치지 않아 항상 한편으로 다행이다 싶었던 말이 드디어 나오고야 말았다.

나는 이해시키기 위해 아이들에게 말했다.

"엄마는 군인이고, 군인은 직장을 자주 옮겨야 해서 미안하지만, 이사를 해야 해. 너희들이 친구와 헤어지는 것이 아쉬운 것은 이해하지만 친구 때문에 엄마와 떨어져 살 수 있어?"

나는 이렇게 협박인지 모를 회유를 해야 했다. 대신 친구들과 자주 연락하고 시간이 되면 휴가를 내서 꼭 보러 오자는 약속을 했다. 약속대로 이사 후 휴가를 내어 친구를 만나러 가기도 했다. 하지만 이것도 다자녀이다 보니 아이 친구들과 일정을 모두 맞추어야 하는 애로사항도 있었다. 간신히 시간을 맞추고 애들 친구들의 부모님께 양해를 구해 집을 찾아다니며 모두 픽업한 후 놀이공원 같은 곳으로 데려가 끼리끼리 놀 수 있게 했다. 이 또한 보통 일은 아니었다.

이런 이벤트를 자주 할 수 없다는 상황을 아는지 아이들도 친구 보러 가자고 하는 횟수가 점점 줄어들었다. 이 생활에 적응하고 있다고 생각했다. 하지만 그게 아니었다. 학년이 올라가면서 아이들에게 물었다.

"친구 몇 명 사귀었니?"

"친구들이 별로 마음에 안 들어요. 그리고 또 이사할 텐데 안 사귈래요."

너무 미안한 마음이 들었다. 초등학교 시절에는 또래와의 관계 형성도 매우 중요한데 이것을 충족시켜 주지 못했다. 말을 하지 않았을 뿐 마음속에 아쉬운 마음은 다 있었을 것이다. 아이들에게 미안한 마음과 함께 성인이 되어 사회성이 떨어지면 어쩌나 하는 걱정이 앞섰다.

TIP BOX

아이들은 커가면서 어느 정도 묵직한 얘기도 할 수 있게 되고, 본인들도 양보해야 할 것이 있다는 것을 알아가고 있다. 군인 엄마와 함께 살려면 이사와 전학은 감당해야 할 것임을 깨달은 것이다. 그렇게 열 번 남짓한 이사를 하면서 왕따를 당한 적도 있었고, 외톨이로 지낸 적도 있었겠지만 잘 적응하고 쑥쑥 커 준 아이들에게 항상 고맙고 감사하다.

충성! 저는 밀리터리 맘이지 말입니다

같이하는 시간이 짧을수록
추억거리를 만들자

토요일 아침에도 평소처럼 새벽에 눈을 뜬다. 못다 한 잠을 자고 싶은 마음도 간절했지만, 그보다 일주일 동안 오늘만을 기다린 아이들을 생각하면 차마 누워있을 수 없었다. 바쁜 하루하루를 보내면서도 틈틈이 돌아오는 주말의 이벤트를 고민하고 계획했다. 주중에는 아이들이 잠들고 나서야 퇴근을 하고, 잠이 깨지 않은 이른 시간에 출근하다 보니 토요일 아침까지 얼굴을 보지 못하는 경우가 다반사다. 그러니 아이들과 나에게는 토요일은 특별한 의미가 있는 날이다.

토요일 아침이 되면 평소 양육을 도와주시던 부모님도 자유를 만끽하려는 듯 아침부터 분주하게 집을 나서신다. 일주일 중 단 하루라도 오롯이 본인의 시간을 갖고 싶다는 의지의 표현이시기도 하다. 나 역시 아이들과 보낼 수 있는 유일한 시간인 토요일을 기다리기는 마찬가지였다. 그리고 주중에 계획했던 일정을 실행한다.

여느 때와 같은 이른 시간에 일어나 외출 준비를 한다. 어린아이들을 데리고 외출하려면 먹을 것, 마실 것을 다 챙겨야 하고 유아용 스푼과 젓가락도 필수, 게다가 옷이 더러워질 것을 대비해 여벌 옷도 싸야 한다. 급한 용변과 차 멀미를 대비해 검은 봉지와 신문지는 기본으로 세팅이 완료되어 있다. 뒷좌석에 카시트 3개를 나란히 장착해 놓고 그날그날 외출에 필요한 장비와 혹여나 목욕탕에 들를 시간이 되면 씻겨서 오려고 목욕용품까지 세트화하여 차에 실어 놓는다.

장거리를 가는 날에는 이동하는 동안 볼거리를 만들어 주기 위해 애니메이션 1~2편을 미리 다운로드 하여 준비하고, 가면서 먹을 과자와 물도 꼼꼼히 준비한다. 그리고 이 모든 것을 운전하면서도 내 손에 닿을 수 있도록 가까운 곳에 가지런히 정렬해야 한다. 여기에다 아이들은 광나게 예쁘게 차려 입히면서 정작 나는 세상불쌍한 모습으로 외출할 수는 없으니, 무엇보다 아이들에게 예쁘고 멋진 엄마로 보이고 싶은 마음에서 새벽부터 일어나 간단한 단장을 한다.

아이들도 기다렸다는 듯이 토요일 아침에는 평소보다 일찍 눈을 뜬다. 잠자리에 누워 몸을 일으키지도 않고 '엄마'라고 부르는 소리가 들린다. 엄마가 달려와서 안아주고 일으켜 주길 바라는 아이의 투정이다. 나는 후다닥 뛰어가 꼭 끌어안고 애정을 표현한다. 이것도 다자녀이다 보니 돌아가면서 세 번은 족히 해야 끝이 나는 눈물의 상봉이다. 나에게 아이들의 기상은 하루 일과의 시작을 알리는 기상나팔과도 같다.

미리 준비해 둔 밥을 먹이고 양치질을 시킨 후 외출복으로 갈아입힌다. 외출복을 미리 입으면 밥을 먹다가 더럽혀져 속상해지는 일이 다반사로 일어나기 때문에 식사를 마친 후 옷을 입힌다. 준비가 끝나면 잠깐 티브이를 틀어주고 방과 주방을 대충 정리한다. 외출한 사이 부모님이 돌아오셨을 때를 대비해 청소한다. 이후 '가족회의' 시간을 선포하고 오늘의 일정을 설명하면서 주의사항을 전달한다. 혼자서 다른 곳에 가거나 한눈팔지 않기, 잘 보지 않고 뛰어서 넘어지지 않기, 혹시라도 엄마를 잃어버리면 그 자리에 앉아서 기다리기 등…. 알아듣는 건지 모르겠지만 대답은 우렁차게 한다. 그리고 우리의 행복한 외출이 시작된다.

잠자리채와 채집통을 메고 산과 강으로 가기도 하고, 계곡에 들러 물놀이를 하기도 한다. 유아 놀이터, 사적지, 아울렛, 수영장 등 정말 다양한 곳을 두루 다닌다. 직장의 특성상 이사가 잦다 보니 힘든 점도 있지만 새로운 지역으로 이사를 가면 그 주변 여러 곳을 가볼 수 있어 좋았다. 그래서인지 아이들이 한참을 클 때까지 이사가기 싫다는 소리를 하지 않아서 참 고마웠다.

시간이 남으면 집으로 돌아오는 길에 목욕탕이나 찜질방을 들러 세 아이 모두를 씻긴다. 목욕탕을 좋아해서이기도 하지만 통상 집에 도착할 때쯤 아이들이 잠드는 경우가 많기 때문이다. 온종일 신나게 뛰어놀던 아이들은 예상대로 집으로 향하는 차 안에서 깊은 잠에 빠져든다. 집에 도착하면 먼저 짐을 모두 내리고 아이들이 누울 이불을 준비한 후 한 명씩 안아서 옮긴다. 그리고는 아이들의 겉옷을 벗기고 편한 잠자리를 만들어 준다. 가끔 씻기지 못하고 집에 돌아올 때면 대야에 미지근한 물을 받아 수건으로 적셔 얼굴과 손, 발을 닦고 잠옷으로 갈아 입힐 때도 있었다. 그렇게 행복한 잠에 빠져든 아이들에게 뽀뽀를 해주면 하루가 끝이 났다.

아이들이 한 참 클 동안 이른 출근과 늦은 퇴근을 하고 일요일도 출근해야 하는 곳에서 일했지만, 일주일 중 단 하루만은 아이들의 기억에 남을 만한 행복한 날을 만들어 주고, 엄마가 얼마나 자신을 사랑하는지 느끼고 해 주려 노력하며 엄마 노릇을 했다.

물론, 몸은 상당히 힘들었다. 1년이 다 되도록 나만의 시간은 단 한 순간도 없는 삶을 살았지만, 당시에는 지금 해야만 하는 일이 무엇인지를 생각했고 그래서 그걸 했다. 물리적으로 많지 않은 시간을 보낼 수밖에 없는 한계를 극복하기 위한 엄마의 처절한 노력을 아는지 아이들은 엄마와 함께 하는 시간을 손꼽아 기다렸다. 아무리 피곤해도 아이들이 피로회복제라는 사실은 부모가 되어보면 알게 된다.

충성! 저는 밀리터리 맘이지 말입니다

TIP BOX

세 아이의 엄마로서 이곳저곳 아이들과 추억을 쌓아오면서 깨달은 것이 있다. 아이들과 함께 하는 장소가 고가의 비용을 들여야 하는 유명한 장소일 필요는 없다는 것이다. 아이들에게는 자신들이 좋아하는 것만 보인다. 아무리 빛나는 보석과 휘황찬란한 것이 앞에 있어도 관심이 없으며, 아이들은 보고 싶은 것만 보고 좋아하는 것만 하려고 한다. 고가의 비용을 들여 어딘가 데려가서 그곳을 보여주려 해도 보지 않았고 마음만 상했던 기억이 많다. 즉, 큰돈을 들이지 않아도 아이들은 그저 엄마와 함께 손잡고 집 밖으로 나가 노는 것만으로도 충분했다. 단지 휴일의 피곤함에도 엉덩이를 일으켜야 하는 엄마로서의 수고로움을 감당하기만 하면 되는 것이다.

자녀에게 미안해 말고,
큰 기대도 말자

여성은 가정을 이루고 자녀가 생기면 인생의 커다란 기로에 서게 된다. '어떻게 살아야 할까?' '내가 지금 하는 일을 그만두고 자녀를 돌보아야 할까?' '나중에 다시 일할 수 있을까?' '누가 아이를 돌봐 주지?' 이렇게 꼬리를 무는 숱한 질문들에 대한 답을 찾기 위해 고민에 고민을 거쳐 결정한다.

어떤 사람은 자의든 타의든 어쩔 수 없이 직장을 단절하고 육아에 전념한다. 또 어떤 사람은 부모님이나 가사도우미에게 비용을 지불하고 자녀의 양육을 위탁한다. 물론 직장을 다니며 맞벌이를 해도 경제적인 이익이 그리 크지는 않다. 내가 결혼을 하고 자녀를 키울 때는 어린이집도 많지 않았다. 그런 데다 아침 일찍 출근하고 늦게 퇴근하면 파트타임 도우미를 쓸 수도 없었다.

충성! 저는 밀리터리 맘이지 말입니다

특히 군인들은 비상소집하는 경우가 많다 보니 통상 부모님께 양육을 부탁하거나 상주 도우미를 고용했다. 상주 도우미는 24시간 집에서 먹고 자고 하는 조선족이 했다. 당연히 비용이 많이 든다. 그런 데다 주 5일제로 주말에는 휴무이다. 갑자기 일이 생겨 주말에 돌봄을 요청하면 더 많은 비용을 지불해야 한다. 사실 도우미에게 내 월급의 상당수가 들어간다고 해도 과언이 아니었다. 그런데도 일과 자녀 양육을 위해서는 선택의 여지가 없었다.

다수의 직장맘은 자녀와 함께 보내는 물리적인 시간이 적은 것에 대해 항상 미안한 마음을 안고 살아간다. 엄마가 그리운 아이들은 출근할 시간이 되면 일을 가지 못하도록 문 앞을 지켜서 있기도 하고, 눈앞에서 사라질 때까지 울고 또 운다. 매일 아침 반복되는 풍경이지만 항상 눈가가 촉촉해진다. 우는 아이를 뒤로하고 돌아서면서 매일 생각한다. '이렇게까지 하면서 일을 해야 할까?'라고.

아이들이 엄마와 떨어져 있지 않으려고 하는 것은 당연하다. 물론 항상 옆에 있으면 좋겠지만 그럴 수 없다면 아이들에게 이해를 시켜야 한다. 사실 아이들도 알고 있다. 알면서도 떼를 써 보는 것이리라. 하지만 직장맘으로 살기로 결정한 이상 이 부분은 감수해야 할 희생이다. 어쩔 수 없는 일에 후회하고 흔들린다면 불필요한 에너지를 소모하는 것이다. 물리적인 시간을 과감히 포기하되, 함께 하는 시간의 질을 높이면 된다.

내가 아이들과 함께 있을 수 있는 유일한 시간이 토요일이었다.

일요일 오후에도 출근했기 때문에 토요일만큼은 아이들을 위한 시간을 보냈다. 평일 야근과 스트레스로 힘들어도 토요일에는 무조건 외출했다. 놀이공원, 전쟁기념관, 박물관, 수목원, 해수욕장 등 안 가본 곳이 없다. 인근 호숫가에서 잠자리를 잡기도 하고, 개울가에서 물장난을 치기도 한다. 애들은 항상 토요일을 기다렸다. 그렇게 바쁜 일상 속에서도 그렇게 엄마의 자리를 만들었다.

지금은 불쑥 커버린 아이들을 보면 대견하고 뿌듯하다. 이제는 엄마의 힘듦도 조금 알아주는 것 같다. 십 년이 넘도록 잠든 아이들을 보면서 출퇴근하고, 토요일에만 함께 할 수밖에 없었던 엄마지만 아이들도 아는 것 같다. 엄마가 결국 자기를 위해 희생하고 있다는 것을 말이다.

시간의 양에 구애받지 말고 자녀들과 함께 하는 시간의 질을 높여야 한다. 그러면서도 자녀들에게 큰 기대도 하지 말아야 한다. 내가 너희를 위해 몸이 부서져라 노력하고 있으니 너희도 그만큼 열심히 공부하고 말도 잘 들어야 한다는 기대를 버려야 한다.

자녀에 대한 기대감이 화를 불러오고, 결국 질책과 고성이 오가다 자녀와의 사이에 큰 벽이 생긴다. 부모의 역할은 자녀가 어느 정도 성장해 홀로 설 수 있도록 도와주는 것이다. 물론 공부를 잘하면 더욱 좋겠지만 부모의 조바심만으로 되는 건 아니다. 부모라는 책임과 도리를 다하되, 결과에 대해서는 자유로워야 한다.

단 한 사람도 똑같은 사람은 없다. 후천적으로 취득된 성격도 있

충성! 저는 밀리터리 맘이지 말입니다

지만 타고난 고유의 성격도 무시할 수 없다. 자녀들이 어느 정도 성장하면 직장을 다니는 엄마를 자랑스럽게 생각한다고 한다. 불가피하게 직장을 그만둘 수밖에 없었던 엄마들이 일정 시간이 지나 후회하는 이유이기도 하다.

TIP BOX

직장이 있다는 것에 자긍심을 가지고 일을 하되, 자녀들과 함께 있는 시간만큼은 질을 높이고, 건강하게 잘 커 주기만 하면 자녀들에게 더 큰 기대는 하지 말자. 그것이 내가 사는 길이다.

자녀와 이모티콘으로
소통하라

직장에서 내가 맡은 일의 양은 절대로 적지는 않았다. 일의 성과에 대한 나의 목표를 충족하기 위해 남들보다 더 많은 시간을 업무에 투자해야 했다. 그러다 보니 밤 10시가 족히 넘어야 퇴근할 수 있었다. 그리고 아침에는 누구보다 가장 먼저 출근을 해야 하는 못된 성격 탓에 새벽 4시 50분에 기상을 하고, 5시 50분이면 어김없이 사무실 문을 열고 들어갔다.

정신없이 일과를 보내다 4시가 되면 어김없이 아이들에게 전화한다. 어린이집과 학교를 잘 다녀왔는지 묻고, 다음날 챙겨갈 준비물을 확인한다. 밤늦은 시간이라도 가능하면 내가 직접 준비물을 사서 퇴근한다. 퇴근과 동시에 나는 엄마가 된다. 가장 먼저 잠들어 있는 아이들의 건강상태를 살핀다. 불을 켜면 잠든 아이들이 깰

지도 몰라 핸드폰 불빛으로 비추어 한 명 한 명 머리끝부터 발끝까지 만지면서 살펴본다. 친구들과 다투다 긁히지는 않았는지, 걷다 뛰다 넘어져 피가 나지는 않았는지, 피부가 거칠어진 곳은 없는지 만지면서 눈으로 확인을 한다.

할머니가 아무리 열심히 손자 손녀를 돌봐주셔도 엄마 눈에만 보이고, 엄마만 알 수 있는 것이 있는 것 같다. 내 몸에서 태어난 나의 분신이고 나와 같은 주파수를 사용한다. 그래서 꼭 말로 하지 않아도 느껴지는 것이 있다. 아이들이 잠든 사이에 출근하고 퇴근을 하여 토요일 아침이 되어야 서로 얼굴을 보지만 엄마가 항상 보살펴준다는 것을 알고 있다.

나는 군 입대 전 직업이었던 간호사 생활로 익힌 의학지식을 가족들의 건강을 챙기는데 잘 활용했다. 집에는 일상적인 생활 중 발생하는 상처나 질병을 케어할 수 있는 약들이 다 구비되어 있었다. 크고 작은 상처는 직접 소독을 하고, 아픈 증상을 말하면 어느 정도 정확하게 진단하여 응급조치를 했다. 물론 이것은 의학상식뿐 아니라 다자녀를 키우며 생긴 노하우라고 하는 것이 더 맞을 것 같다. 그리고 피곤해하시는 부모님들께 영양제 주사도 직접 놓아드렸다. 전담 간호사가 집에 있는 격이라고나 할까. 그래서 아이들의 몸만 잘 살펴보아도 건강상태를 예측할 수 있고, 낮 동안 통화를 하며 목소리를 들으면서 감정을 유추할 수 있었다. 몸을 살피다 상처와 벌레 물린 자국 등이 있으면 약을 바르고 밴드를 부쳐준다.

그리고 통화를 하며 어디가 아프다고 말하면 나중에 그 부위에 붕대를 감아주었다. 아침에 일어나 엄마의 흔적을 본 아이는 거짓말 같이 다 나았다고 말했다.

첫째 아이가 초등학생이 되고 학년이 올라가더니 점점 말수가 적어졌다. 누구나 짐작할 수 있는 사춘기의 전조증상이다. 처음에는 당황스러웠다. 여기저기 자문을 구해 보니 또래 아이들에게서 보편적으로 나타나는 모습이었다. 어릴 때는 먹고 자고 하는 것들로 소통이 되었지만, 커가는 아이들에게는 방법을 달리해야 했다. 그래서 고민했다. 어떻게 아이와 소통해야 할까? 함께 할 수 있는 시간이 턱없이 부족한 상황에서 최선의 방법을 찾아야 했다.

어느 날 예쁜 공책을 하나 샀다. 그리고 딸에게 서로에게 하고 싶은 말을 편지로 쓰자고 제의했다. 처음에는 거의 많은 내용을 내가 쓰면 돌아오는 답장은 '네, 엄마, 근데 저는 할 말이 별로 없어요'였다. 하지만 시간이 지날수록 친구 얘기, 운동했던 일 등 소소한 일상을 하나씩 공유하기 시작했다. 그렇게 우리의 대화가 다시 정상화되었다.

지금은 핸드폰을 통해 언제든 대화를 할 수 있고, 궁금해하는 일상을 생생하게 전할 수 있다. 그리고 들려주고 싶은 이야기가 있으면 관련 동영상을 찾아 공유하고 간접적인 대화를 하기도 한다. 어떨 때는 이모티콘만으로 대화하기도 한다. 말보다 더 생생한 감정 전달이 되는 것 같다.

충성! 저는 밀리터리 맘이지 말입니다

남자아이들은 커 갈수록 여자아이와 확연한 차이를 보인다. 북한군도 무서워한다는 공포의 주인공들로 불리는 이들이 바로 사춘기 남아들이다. 거의 벽과 대화를 한다고 생각하면 정확한 표현일 것이다. 이제는 신체 접촉도 쉽게 할 수 없을 만큼 훌쩍 커서 남자로서의 건장함이 보이는 아이들이 너무나 믿음직스럽다. 하지만 이 아이들과 소통하기는 하늘의 별 따기보다 더 어렵다. 고민 끝에 아이들의 관심거리에 엄마의 관심을 표현하기로 마음먹었다. 또래 아이들과 마찬가지로 게임을 무척 좋아하는 아이들에게 게임기를 사주거나 인터넷 게임 시간을 부여하고 게임 하는 동안 그 기분을 공유했다.

부모들은 아이들과의 소통이 얼마나 어려운지 잘 알고, 어떻게 해야 하는지 많은 고민을 한다. 요즘 아이들은 태어나면서부터 핸드폰을 손에 쥐고 태어난 아이들이라고 일컬을 정도로 그쪽 분야에서의 성장과 발달이 빠르다. 이런 아이들을 강제로 분리하는 것이 가능할 것인지? 그런다고 공부도 잘하고 집중력도 좋아질 것인지 확신할 수 없다.

TIP BOX

조금만 발상의 전환을 하자. 핸드폰을 아이들과 소통의 창구로 적극적으로 활용하자. 직장 여성들에게 시공간을 뛰어넘어 원하면 언제든지 자녀와의 다리 역할을 해 주는 것이 바로 핸드폰이다. 혼자 하는 게임만 계속하다 게임중독이 되도록 방치하지 말고 소통의 창구로 만들어 보자. 나는 아이들과의 대화에 이모티콘을 적극 활용한다. 참신하면서도 깜찍하고, 아이들의 관심을 잘 표현할 수 있는 다양한 아이템 구매에 돈을 아끼지 않았다.

충성! 저는 밀리터리 맘이지 말입니다

자녀를
부채도사로 만들지 마라

나는 아이들을 키우면서 시부모님, 친정부모님, 파트타임 보육교사, 상주 도우미까지 육아를 도울 수 있는 모든 사람을 동원해야 했다. 요즘 직장맘들이 출근하면서 아이를 보육시설에 등원시키고, 퇴근하면서 하원을 시키는 모습을 보면 '너무 예쁘다'라는 생각과 함께 내가 꿈꾸던 것이 점점 현실이 되어간다는 생각에 흐뭇한 마음마저 든다.

출퇴근 시간이 일정하지 않고 수시로 비상상황을 대비해야 하는 직업을 가진 나와 같은 사람들에게 이런 모습은 말 그대로 희망사항이었다. 불과 십여 년 전만 해도 자녀를 양육한다는 것을 자랑할 수 없는 분위기였고, 오히려 아이로 인한 업무 공백을 우려하는 목소리에 사실은 더 티내지 않아야 한다는 생각이 컸다.

그러다 보니 직장에서 자녀 양육이나 집안 대소사에 대해 언급을 피하고 아쉬운 소리를 하지 않으려 노력했다. 하지만 자녀 양육을 하면서 수시로 일어나는 예기치 못한 상황들로 인해 누군가의 도움 없이는 자녀 양육이 불가능한 구조였기 때문에 다수의 직장맘은 부모님의 힘을 빌릴 수밖에 없었다.

부모님의 도움을 받게 된 경우에도 양육의 형태가 두 가지로 나누어지는데, 부모님 댁에 자녀를 데려다 놓고 주말이나 휴가 때 찾아가는 경우와 부모님과 함께 살면서 양육을 지원받는 경우가 있다. 나는 아이들과 떨어져 있기가 싫어 시부모님께 함께 살기를 요청했고 그렇게 우리의 '한 집에 3대 살기'가 시작되었다.

아마 모두 예상했겠지만, 쉽지 않은 생활이었다. 자녀가 하나둘 늘어나면서 '더는 힘들어서 못하겠다'라는 말씀을 수시로 하시는 부모님의 수고로움을 덜어드리려고 파트타임 도우미를 구해보기도 했고, 완전한 퇴장을 요청하시는 바람에 상주 도우미를 구해서 살아보기도 했다. 이런저런 우여곡절을 겪으면서도 십 년을 넘게 시부모님과 함께 살았다.

지금 이 이야기를 하는 것은, 시부모님과의 동거가 힘들었다는 얘기가 아니다. 물론 많은 사람이 강산이 변하는 시간 동안 시부모님과 함께 살았다는 것에 존경의 마음(?)과 박수를 보내준다. 이에 으쓱해진 나는 "시부모님과 한두 해 산 것은 함께 살았다고 할 수 없다. 나는 몸에서 곧 사리가 나올 거다."라며 우스갯소리를 하기

충성! 저는 밀리터리 맘이지 말입니다

도 하지만 말이다.

요즘 보기 드문 대가족 생활을 하면서 쉽지 않은 것 중 한 가지가 자녀 양육에 대한 생각의 차이를 좁히는 것이었다. 아이들이 어려서 자신의 의사 표현을 정확히 하지 않을 때는 이 부분에 대해 간과했었다. 아이들 입장에서는 많은 시간을 함께 지내는 할머니의 말씀도 잘 들어야 하고, 물리적으로 짧은 시간을 함께하지만 엄마인 내가 하는 말도 새겨들어야 하는데, 두 어른의 다른 반응에 혼란스러웠을 것이다. 그러다 보니 나름대로 고민 아닌 고민을 했을 아이들을 생각하니 마음이 무겁다. 더 안타까운 것은 이런 사실을 아이들이 크고 나서 한참 후에야 알았다는 것이다.

평소 할머니 스타일에 길들인 아이들과 함께 주말을 보내면서 내 눈에 불편한 것들에 대해 이런저런 잔소리를 늘어놓았다. 처음에는 아이들이 내 말에 하던 행동을 멈췄던 것이 전부였는데, 어느 정도 성장한 후에는 항의성 반응을 보였다.

"할머니는 이렇게 해도 된다고 했는데, 엄마는 왜 안된다고 하세요?"

"그래? 그러면 엄마가 할머니와 얘기를 나눠보고 다시 말해줄게."

당황스럽기도 하고 화도 났지만, 그때의 상황을 넘겼다.

무릇 할머니뿐만 아니라 할아버지와 아빠, 심지어 고모까지 여러 사람이 함께 살다 보니 혼란스러운 것은 한두 가지가 아니었다. 양육의 중요한 양대 축인 나와 할머니 사이만이라도 합의가 필요하다는 결론에 이르렀다. 몇 시에 밥을 먹고, 간식은 언제 무엇을 먹일 건지 등등. 먹고 자고 하는 일상에서는 할머니의 룰을 따르지만, 교육과 훈육에서는 엄마인 내가 기준이 되도록 맞출 것을 요청했다.

사공이 많으면 배가 산으로 간다는 말이 있듯이 아이들도 양육에 관여하는 사람이 많으면 때마다 헷갈리고 어려운 일이 생긴다. 자녀 양육에 정답은 없지만 일관성은 있어야 한다. 기준이 꼭 엄마일 필요는 없다. 누구든지 한 사람이 기준이 되어야 하고, 같은 목소리를 내야 한다는 것은 매우 중요한 점이다.

TIP BOX

교육과 훈육에서 어른들이 합의를 이루지 못하고 다른 태도를 보인다면 아이들은 기회주의자가 될 수밖에 없고, 무엇보다 옳고 그름을 분별하는 가치관을 정립하는 데 혼란이 생긴다. 성인인 나를 비추어 보아도 이것은 분명하고 중요한 일이다. 수고롭고 힘들지만, 직장을 다니면서 자녀를 양육하는 우리들의 목표는 한 가지 '신체와 정신 모두 건강한 사람'으로 성장하게 하기 위함이다. 이를 위해 조부모님의 수고로움을 동원하기도 하고, 심지어 경제적인 대가를 치르면서 지원을 받기도 하지만, 그 속에서도 목표를 잃어서는 안 된다. 아이들이 나름의 기준을 가지고 옳고 그름을 판단할 줄 아는 건강한 성인으로 자라날 수 있도록 가장 중요한 것이 양육의 일관성이다. 상황에 따라 이럴까 저럴까를 고민하는 부채도사를 만들지 않기 위해 반드시 깊이 생각해 볼 필요가 있다.

아이들이 자랑하고 싶어 하는
엄마가 되고 싶다

아이가 초등학교에 들어가면 어린이집과 유치원 다닐 때가 그나마도 좋았다는 사실을 알게 된다. 자녀의 초등학교 입학은 곧 엄마의 입학과 같다. 자녀들이 크면 엄마 역할도 조금 수월해질 것이라는 희망을 위로 삼아 살아간다. 하지만 내가 보기엔 시간이 갈수록 엄마의 역할이 더 커지는 것 같다. 물론 하지 않으려고 마음먹고 손을 놓아버리면 그만이지만 어느 부모가 그렇게 할 수 있을까.

초등학교 입학을 앞두고 있으면 매우 분주해진다. 아이의 옷, 가방, 학용품 등 유치원과는 달리 친구들과 선생님으로부터 비교를 당할 수도 있다는 생각에 좀 더 신경을 쓸 수밖에 없다. 친구들과 비교해 뒤처지지 않아야 한다는 자녀에 대한 걱정인지, 나의 자격지심인지, 아님 허영심인지 알 수 없다. 첫 아이 초등학교 입학 때

처음으로 명품 옷과 가방을 샀다. 형편을 넘어서는 비용을 들였지만 그래야 한다는 의무감과 남모를 뿌듯함이 느껴졌다.

학용품 준비를 하느라 퇴근 후 밤을 새웠다. 연필, 크레파스, 색연필, 가위, 지우개, 자 등 각각에 이름을 모두 써서 붙이라는 것이었다. 지금은 시대가 좋아져 네임표를 인터넷에 주문해서 간편하게 붙일 수 있다. 당시에도 그런 것이 있었는지 모르겠지만 나는 몰랐다. 그래서 견출지에 약 200개가 넘게 이름을 썼다. 그리고는 떨어지지 않도록 스카치테이프를 둘렀다. 모두 잠든 밤에 혼자 베란다에 불을 켜 놓고 앉아 준비물을 챙기면서 40색 크레파스를 사 준 것을 후회하면서 혼자 웃었던 기억이 있다.

어느새 이만큼 커서 학교 간다는 것만으로도 대견하고 행복한 마음이 들었다. 처음으로 명품 옷에, 고가의 학용품을 사주었다. 물론 아이는 명품이 뭔지, 학용품이 좋은 건지 나쁜 건지 알지 못한다. 단지 엄마의 조바심일 것이다. 형편보다 과분한 준비를 하는 마음 한편에 학교에 가서 선생님께 신뢰받고, 친구들에게도 왕따 당하지 않고 잘 지내 주기를 바라는 간절함이 담겨있다.

입학식 날 가방을 메고 배정된 학급의 푯말 앞에 줄을 서 있는 모습을 보고 눈물이 하염없이 흘렀다. 엄마들이 눈물을 보이는 것 같았다. 이만큼 잘 자라준 데 대한 고마움과 대견함의 표현이었으리라. 그렇게 시작된 학교생활을 잘 하는지 항상 궁금했다. 대화할 시간이 있으면 친한 친구가 누구인지, 학교 다니는 게 싫지는 않은

지 묻고 또 물었다. 바쁜 엄마의 정보 부족으로 손해보는 건 없는지 항상 염려가 되었다.

어느 날 학교 선생님으로부터 연락이 왔다. 6월 호국보훈의 달을 맞아 부모를 초청해 '나라사랑 안보교육'을 하는 행사가 있다며 강사를 해달라는 부탁이었다. 나를 지목한 이유는 아빠가 군인인 학생은 많은데 엄마가 군인인 학생은 우리 딸 뿐이라는 것이었다. 이번 기회에 조용한 성격의 딸의 인기를 높여줘야겠다는 생각이 들었고 직장에 양해를 구했다.

초등학교 1학년을 대상으로 하는 안보교육 자료를 만들기는 그리 쉽지 않다. 가능한 쉽고 재밌게 해야 한다. 딸 아이에게 부끄럽지 않아야 하고, 다른 아이들이 부러워하는 엄마이고 싶었다. 그래서 그 어느 강의보다 더 열심히 준비했다. 그리고 발표하는 아이에게 주기 위한 이벤트용 선물과 간식을 반 아이 숫자보다 더 많이 준비했다.

전투복에 베레모를 쓰고 학교에 나타나자 아이들의 반응이 생각보다 폭발적이었다.

"우와, 멋있다. 주은아, 너희 엄마야? 진짜 멋있다."

시끌벅적했다. 딸 아이가 으쓱하며 주변 아이들에게 "우리 엄마야."라고 여러 차례 말하는 모습이 보였다. 그리고 나를 쳐다보며

충성! 저는 밀리터리 맘이지 말입니다

웃어주었다.

교육준비를 마친 후 인사를 하자 소리를 지르며 박수쳐 주는 아이들 앞에서 나라사랑에 대해 설명했다. 손들고 발표하는 아이들에게 선물을 줄 때마다 여기저기서 "저두요, 저두요" 하면서 "이거 진짜 좋은 거다. 빨리 발표해서 받아"라며 숙덕거리는 소리가 들렸다.

TIP BOX

일을 하면서, 아이들과 함께할 수 있는 물리적인 시간이 턱없이 부족한 워킹맘들은 항상 미안한 마음을 갖고 살아간다. 나 또한 마찬가지이다. 그런 와중에 힘겹지만 직장을 이어가는 것은 경제적인 이유만큼 자녀들에게도 자랑스러운 부모가 되고 싶은 마음이 크기 때문이다. 딸 아이의 학교방문을 통해 얻은 것이 정말 많았다. 딸 아이는 집에 와서 신이 나서 내게 얘기했다. "엄마, ○○○가 엄마랑 결혼하고 싶데. 엄청 예쁜데, 엄청 멋있는데." 다행이다. 적어도 항상 바빠서 원망스럽거나 부끄러운 엄마는 아닌가 보다. 직장과 가정을 모두 감당하며 힘겹게 느껴질 때도 많지만 악착같이 살아내서 자녀들에게 자랑스런 부모가 되리라 다짐했다.

전진, 멈추지 말라

전진하라! 멈추지 않으면

목표에 이른다

상어가 바다의 강자가 될 수 있었던 이유는
부레가 없었기 때문이다

하루 24시간 중 20시간 남짓한 시간 일을 하며 열심히 살아왔다고 자부했지만 결국 나를 위한 시간은 없었다. 대한민국 여성이 가정을 꾸리고 평범한 일상을 살면서 동시에 남들과 다른 특별한 나를 살고자 하면 죽을 고비를 넘기거나 죽을 만큼 힘든 고통을 겪어야 가능한 일이 아닐까….

40대 중반, 누군가의 아내로, 며느리로, 딸로, 다자녀의 엄마로, 직장인으로 매일을 전쟁같이 바쁘게 살아왔다. 하루에 20시간 남짓을 일터에서, 2시간은 자녀들 케어하고, 이후 남은 한두 시간 잠을 잔다. 간혹 애들이 아플 때면 꼬박 밤새워가며 그렇게… 열심히 살아왔다.

'엄마로서 직장인으로서의 성공이 내 인생을 사는 것이라는 착각'과 '노력은 배신하지 않는다'는 생각을 신념화시켜 가면서 이렇다 할 타고난 재능도, 물려받은 재산도 없는 내가 특별해지기 위해서는 남들보다 몇 배로 열심히 사는 수밖에 없다고 생각했다.

상어는 부레가 없어 쉬고 싶어도 쉬지 못하고 살기 위해 열심히 헤엄치고 다닐 수밖에 없어 결국 바다의 강자가 되었다고 한다. 다른 사람은 몰라도 나는 이 말에 엄청난 위로를 받았다. 흙수저인 내가 상어가 되려면…. 결핍과 부족함을 원동력으로 삼아야 한다. 이런 생각으로 쉬지 않고 헤엄치듯 열심히 살았다.

하지만 어김없이 예기치 않은 여러 가지 일들이 나에게 일어났고 좌절에 좌절을 맛보았다. 남편은 퇴사를 했고, 직장에서는 갖가지 괴소문에 시달리며 온갖 시기 질투를 받아 승진에서 패배자가 되기도 했다. 모든 것이 헛되이 느껴졌다. 가정과 직장으로부터 모두 배신을 당했다는 생각이 들었다.

가장 절망적이었던 순간에 나를 들여다볼 수 있었다. 지금껏 나는 무얼 하고 살았을까 하는 생각과 허탈감에 무기력함과 피곤함이 가득 했다. 나는 엄마이자 직장인 그 이상도 이하도 아니었다. 먼 훗날 아이들이 나의 노고를 인정하지 않거나 직장에서 승진에 실패하게 되면 과연 '내게 남는 건 무엇일까?' 하는 무서운 생각이 들었다. 결국에는 과로를 일삼다 기절하고, 폐결핵에 걸려 독한 약을 몇 개월이나 먹어야 하지 않았던가. 과연 나는 무엇을 위해 그렇게 앞만 보고 살았을까 싶었다.

헤어 나올 수 없을 것 같은 여러 가지 고통이 한꺼번에 몰려왔고, 우울감으로 나 자신이 지구 끝까지 묻혀가는 고통을 겪었다. 그리고 헤어 나올 수 없을 것 같던 힘든 시간도 점차 무뎌지는 듯했다. 억지로 책을 읽고, 긍정적인 생각을 불어넣으려 강의도 많이 들었다. 그러면서 한동안은 아무것도 하지 않고 쉬어도 보았다.

그렇게 40대 후반, 아이들이 어느 정도 성장한 시점부터 다시 공부를 하기 시작했다. 잠잘 시간도 부족한 가장 바쁜 시기에 사이버대학원에 입학을 하고, 퇴근 후 심야에 인터넷 강의를 들으면서 공부를 했다. 정말 신기한 것은 오늘 내가 무엇인가를 하고, 달라지고 있으며, 꿈에 다가가고 있다는 생각은 삶의 에너지가 되었다. 결국, 그 에너지는 신체적인 피로도 이기게 하는 힘이 되었다.

엄마로서의 삶이 고달프고 힘들지만 포기할 수 없듯이 직장과 내 삶도 못지않게 중요하다. 힘들어도 내 인생 살기는 필수 항목이라 할 수 있다.

자녀 양육을 위해 경력단절이 되었던 친구들이 어느 정도 시간이 지나 이구동성으로 하는 말이 있다. '일을 계속 했어야 했어.'라는 말이다. 아이들이 커가면서 사회생활을 하는 엄마를 자랑스러워하고 좋아한다는 것이다. 우리 아이들도 예전에는 '엄마는 왜 매일 바빠요?'라고 했지만, 지금은 엄마의 모습을 자랑스럽게 생각한다.

결론이 어떻게 날지 아무도 모를 일이지만 결코 나의 인생 살기

를 포기하지 말았으면 한다. 그래야 내 인생의 힐링 포인트도 찾을
수 있고 목표 의식을 갖고 버틸 힘도 얻을 수 있다.

TIP BOX

상어는 부레도 없이 물속에 가라앉지 않기 위해 쉼 없이 움직여야
하는 수고로움 속에서 무엇으로 힘을 얻고 위로를 받았을지 물어
보고 싶다. 그렇게 바다의 최강자가 된 상어에게 박수를 쳐주고 싶
다. 그리고 머지않은 시간에 나 또한 그렇게 박수받고 싶다.

충성! 저는 밀리터리 맘이지 말입니다

상황에 맞는 발언으로
나의 이미지를 메이킹하라

고등학교 전교 회장 출신, 서울에 있는 대학병원 간호사, 여군 장교 수석 임관, 기무사 차출, 현재 중령이라는 계급장을 달고 있는 내가 사실은 숱한 콤플렉스로 자존감이 매우 낮은 사람이었다면 믿겠는가? 위에 열거된 나의 커리어를 보면 특출나게 뛰어나지는 않지만 할 얘기가 조금은 있는 정도의 삶이라고 할까? 하지만 지금까지 살아오면서 단 한 번도 나 자신을 '이 정도면 양호하지 뭘 그래'라고 생각해 본 적이 없었다.

항상 나는 남들보다 모자란 수준의 외모를 가졌고 목소리 또한 허스키한 탁음에 딱히 내세울 만한 재능도 없는 지극히 평범한 사람이라고 생각했다. 따라서 자신에게 관대하지 않고 객관적인 평가를 하는 현실적인 사람임을 내세웠다. 그런데 돌이켜 생각해보니 지금의 나를 만든 원동력이 바로 그 콤플렉스들이었다는 것이다. 나의 콤플렉스와 평범함을 잘 알기 때문에 그걸 숨기고 싶은 마음에 어떤 상황에서든 특별한 위치를 차지해야 했고 남들과 다른 존재로 인식되고 싶었다.

고등학교 3학년이면 한참 공부해야 하는 시기임에도 학교 행사 인솔, 외부 행사 참석 등으로 바쁜 학생회장을 해보겠다고 나선 것이나, 또 군에 대해 아는 것이라곤 고등학교 시절 병영체험이 전부인 내가 군인을 지원한 것이나, 이 모든 것은 남들과는 조금 다른 특별한 삶을 살고 싶은 마음에서였다. 그렇게 하면 지극히 평범한 아니, 조금 모자란 듯한 나를 그럴싸하게 포장해 상품 가치를 높일 수 있을 것으로 생각한 듯하다.

항상 무표정 아니, 약간 화가 난 표정을 하고 계시는 엄마가 무서운 존재였고 기분에 따라 매질의 횟수나 강도가 달라진다는 것을 본능으로 알아차린 나는 기가 막힐 정도로 눈치 보기를 잘하는 아이였다. '지금 말하면 해주실까?' '어떻게 하면 안 맞을까?' '오늘 엄마 기분은 어떨가?' 등등 작고 처진 눈을 힐끔거리며 수시로 엄마 얼굴 속 날씨를 읽으려 노력했다. 어릴 때 나는 동네에서 야시(*경상도 사투리, 여우*)라는 별명이 있었다. 그래서일까? 내가 생각해도 비굴하다 싶을 정도로 어느 상황에서든 상대방의 눈치를 살핀다. 하지만 시작이야 어떻든 지금의 나는 눈치 없다는 소리는 듣지 않는다. 언제 어느 시점에 내가 나서야 하고 언제 물러나야 할지를 어느 정도 정확히 알아차린다. 요즘 사람들이 말하는 일명 '낄끼빠빠'의 명수가 바로 나다.

성장환경에서 생존을 위해 형성된 성격 덕분으로 간호사 시절이나 군 복무 간 모두 윗사람으로부터 센스 있다는 소리를 들을 수 있었다. 엄한 부모님 아래에서 자란 것이 오히려 도움이 된 것이리라. 혼나지 않기 위해 무엇이든 잘해야 한다는 강박관념이 성장하면서 자연스럽게 잘하고 싶다는 자의적인 욕망으로 변한 걸까? 사회생활을 하면서 새로운 직책을 부여받거나 단순한 일거리를 받더라도 착수하기까지 많은 시간을 생각하면서 준비한다. 즉 남들보다 적어도 두 배 이상 시간과 노력을 들인다는 말이다.

불과 작년까지만 해도 나의 평균 퇴근시간은 22시 전후, 출근시간은 새벽 5시 50분이었다. 상관에게 잘 보이기 위해서가 아니냐고 할 수 있겠지만, 절대 아니다. 남을 의식한 것이라면 이십 년을 한결같이 하지는 못 했을 것이다. 나는 직장에서 가장 일찍 출근하고 가장 늦게 퇴근하는 사람이었다. 나의 부족함을 내가 가장 잘 알기에 남들보다 몇 배로 열심히 해야 따라갈 수 있을 것이라는 생각에서 나온 간절한 애달픔의 표현이었다. 처음에는 잘난 것이 더 잘하려고 과한 행동을 하는 것 아니냐는 소리도 있었지만, 여전히 꾸준한 나의 모습에 마지막 평판은 나쁘지 않았다.

이런 성격 탓에 후천적으로 길러진 능력이 한 가지 더 있다. 내가 처음 군 생활을 시작할 때만 해도 여군이 많지 않았다. 그러다 보니 내 부대뿐 아니라 상급부대에서 주관하는 의식행사나 각종 세미나, 회의는 물론 회식도 나는 의무 참석 대상이었다. 더불어 따라오는 것이 '한마디 해 봐'라는 즉 뜻하지 않은 발언의 기회였다. 이런 이유로 자연스럽게 누가 시키지 않아도 알아서 할 얘기를 준비하는 습관이 생겼다. 심지어 몇백 명이 함께 듣는 강연에 참석할 때도 "거기 여군, 한마디 해 봐요."는 기본 수순이었기 때문에 '나한테 의견을 물으면 뭐라고 할까'를 머릿속으로 수없이 준비하고 되뇌었다. 그러나 가끔 내가 준비했던 말들이 분위기와 안 맞는 경우가 생겼고, 그럴 때면 재빨리 머릿속으로 다른 스토리를 만들어냈다. 통상 회식자리에서는 나의 발언이 끝나야 음식이 눈에 들어왔다. 그 전에는 오로지 발언에 대한 생각 뿐, 그래서 어느 때는 스스로 자진해서 멘트를 할 때도 있었다. 여러 사람이 먼저 하다 보면 내가 하고 싶은 얘기를 해 버릴 때도 있어 당황스러웠던 적이 있었기 때문이다.

멘트를 대충 준비하면 실전에서 머릿속이 하얗게 변한다는 사실을 아는가? 또한 적어서 보고할 수도 없으니, 겨우 생각이 나더라도 꼭 해야 할 몇 마디를 빼먹는 경우도 생겼다. 그렇게 끝이 나면 밤새 후회되어 잠을 설쳤다. 왜냐하면 발언이라는 것은 나의 이미지를 만드는 중요한 포인트이기 때문이다. 그것이 설령 술을 먹는 자리든, 회의를 하는 자리든….

충성! 저는 밀리터리 맘이지 말입니다

TIP BOX

상황에 맞는 생각과 의견 제시는 개인의 이미지 메이킹에서 매우 중요한 부분이다. 나는 그때마다 치밀한 준비로 '진짜 말 잘 한다'는 소리를 들었다. 지금은 군 생활의 경험에서인지, 나이가 들어가면서 체득한 것인지 상급자에 대한 충성심(?)을 조금 녹여 넣는 센스까지 생겼다. 결론적으로, 나의 부족함을 감추기 위해 눈치를 보면서 누구보다 정확한 상황 인식을 할 수 있었고, 더불어 상황에 맞는 표현으로 내 존재감을 드러낼 수도 있었다. 너무 과하지 않고 진실함이 담긴 센스 있는 한마디가 우리에게는 꼭 필요한 것 같다. 비록 거창하지 않을지라도 결과의 차이는 엄청날 수 있다.

이에 더불어 투박한 목소리 콤플렉스에 평생을 시달려온 내가 아이러니하게도 부대에서 각종 행사간 사회를 담당하는 보직을 수행하며 잘한다는 평가를 받았으니 이제는 내 목소리를 원망하거나 다른 사람의 목소리를 부러워하지도 않는다.

외모를 가꾸기보다는
나만의 인상을 만들자

매일 아침 나는 화장을 한다. 40년을 살면서 대학 시절 화장하기 시작한 이후 지금까지 화장하지 않고 외출한 적이 거의 없는 것 같다. 물론 외출의 의미는 단순한 쇼핑이나 산책이 아닌 공식적인 타인과의 약속이나 직장생활 등을 위해 집 밖으로 나가는 것을 의미한다.

나에게 '화장'이란 복합적인 의미가 담겨있다. 물론 누구나 예측 가능한 가장 큰 이유는 나의 맨얼굴을 다른 사람에게 보여줄 자신이 없고, 보여주고 싶지 않아서이다. 어렸을 때도 외모에 자신이 없었던 나는 예쁘장한 외모의 친구들이 항상 부러웠다. 지금은 쌍꺼풀 수술로 조금 커진 눈매로 인해 봐줄 만한 정도가 됐지만 예전에는 작은 눈 때문에 오똑한 콧날과 야무진 입술조차도 빛을 발하지 못하고 그저 조금 모자란 외모로 이미지화되는 것이 억울했었다. 이렇게 외모에 대한 자존감이 낮은 나는 좋은 인상을 주기 위한 수단이 되어주는 화장이 참 고마운 존재였다.

오늘 아침에도 어김없이 20분이라는 시간을 화장하는데 투자한후 출근하면서 맨얼굴로 출근하는 여성들처럼 '나도 맨얼굴로 당당하게 다른 사람들을 마주할 수 있는 자존감을 갖고 싶다'는 생각을 한다. 외모를 치장하고 명품가방을 사서 들고 다니려는 사람들의 내면에는 열등감이 자리하고 있다는 말을 들은 적이 있다. 남들과 비교해 비슷해지거나 더 나아지기 위해 성형을 하고, 한 달 월급을 투자해야 살 수 있는 고가 브랜드 가방을 가지려 노력한다. 나 또한 형편이 되지 않아 시도하지 못했을 뿐이지 성형도 하고 싶고, 명품가방도 갖고 싶었다.

그런데 시간이 지나 나이가 들어가면서 생각이 변하고 있다. 예전만큼 나의 외모가 부끄럽지 않다. 아니 외모에 대해 큰 의미를 두지 않게 되었다는 것이 더 정확한 표현일 것 같다. 누구에겐가 이런 말을 들은 적이 있다. 대부분의 사람들은 젊을 때는 상대방의 외모를 보고 호감을 갖지만, 나이가 들면 능력(커리어)이 뛰어난 사람에게 호감을 갖는다고 한다. 즉 어디에서 어떤 직급으로 무슨 일을 하는지, 얼마나 전문성 있게 열정적으로 살아가는지에 호감을 갖는다는 것이다.

어느 정도 신뢰성이 있는 소리 같다. 중년의 나이는 새로운 사람을 만나 이성으로 잘 보여야 하는 나이가 아니라, 매일 일터에서 만나는 동료를 외모가 아닌 업무적으로 대해야 하는 시기이니 때문이다. 그러니 외형적인 모습에 너무 큰 의미를 두고 억지로 변형시키려 노력하지 않아도 된다. 내게 소중한 모든 사람들은 이미 나의 모습을 있는 그대로 사랑하고 그대로의 모습에 익숙해져 있으니 말이다.

'나는 지금 어떤 색깔의 사람일까?' 직업상 잦은 이동을 하면서 새로운 곳에 갈 때마다 '과연 내 인상이 어떻게 보일까?'를 고민했다. 내가 원하는 모습은 '사람 좋은 똑똑한 리더'인데,

이번에도 내가 오기 전부터 이곳 사람들은 "인상 보니 장난 아닌 것 같다."라며 긴장했다는 얘기를 했다. 내 얼굴에 나의 힘들었던 시간들이 묻어나고 있는 것일까? 내가 봐도 웃지 않을 때는 화가 났거나 슬퍼 보이는 모습이 비치는 듯하다. 내면으로부터 외모까지 내가 원하는 모습을 갖기 위해 노력해야겠다고 다짐해본다.

충성! 저는 밀리터리 맘이지 말입니다

TIP BOX

앞으로는 외모보다는 인상을 가꾸는 노력을 해보면 어떨까. 인상은 외모보다 큰 의미의 나의 이미지이다. 인상에 외모가 차지하는 부분도 있지만, 그보다 말투와 표정, 내면의 가치, 라이프스타일 등이 더 많은 부분을 차지한다. 이런 것들이 복합적으로 아우러져 나만의 색깔과 느낌, 향기가 생기는 것이리라. 과거는 어찌할 수 없으니 지금부터라도 내가 바라는 나의 인상을 만들기 위해 나의 인생사를 다시 써보려 한다. 현재 평균수명을 기준으로 봐도 내가 살아온 만큼 앞으로 더 살아가야 한다. 그렇다면 내가 원하는 나를 만들기에 충분하지 않겠는가? 지금의 내 모습에 책임지고, 앞으로의 모습을 설계하는 삶을 살아야겠다.

글쓰기가 주는
고통과 위로

인생에서 아니 여성으로서 쉽지 않은 군 생활을 시작한 지 이십여 년간 일상적이지 않은 숱한 어려움을 겪어왔지만 역대급 힘든 시간을 보내고 있을 때였다. 힘든 만큼 머리와 가슴이 멍해져 아무것도 할 수 없는 시간이 길어지고 있었다. 군 생활을 시작하면서 절대 겪고 싶지 않았고, 단 한 번도 예상하지 못했던 상황에 얽힌 나는 어떻게든 이 억울함을 풀어내야 한다는 생각뿐이었다. 한 가지 생각에 몰두하니 주변과 나의 위치 따위는 고려 대상이 아니었다.

지휘관에게 어떤 문제가 제기되면 사실 여부와 무관하게 철저히 '을'의 위치에 놓인다. 모든 직급을 내려놓고 진실공방을 벌여 볼까도 싶었고, 비상식적인 방법으로 해결하고 싶은 생각마저 들었다. 매일 밤 악몽을 꾸며 잠을 설쳤고, 그 일이 진실대로 해결되는 최상의 시나리오와 억울한 상황을 유지한 최악의 시나리오를 번갈아 만들며 먹는 둥 마는 둥 그저 살아가고 있었다.

급기야는 사람들이 힘들 때면 찾아가는 무속인을 찾아가 보기도 하고, 유튜브 무속인들이 말하는 기도법을 따라 해 보기도 했다. 무속인들이 알려준 악연을 끊어내는 방법, 보름달이 뜨는 어느 날 새벽이나 야심한 시간에 거실에 덩그러니 서서 동쪽을 바라보고 손을 모아 기도해보기도 했다.

가까운 사람들에게 말할 수도 없었다. 나와 똑같이 힘들어할 테니까. 무엇보다 나 하나 잘되길 바라면서 자신의 인생을 송두리째 희생하며 손자 손녀를 돌봐 주는 엄마를 실망시키거나 걱정하게 하고 싶지 않았다.

그렇게 3개월 남짓이라는 긴 시간 동안 생산적이지 못한 생각들에 사로잡혀 퇴근 후 멍하니 티브이 채널만 돌리던 나는 문득 '이렇게 계속 지내다간 큰일 나겠다'라는 생각이 들었다. 과거에 힘들 때면 쓰던 방법을 써보기로 했다. 그냥 무작정 나의 마음을 글로 쓰기 시작했다. 동일한 주제로 욕을 하고 푸념하며 세상을 한탄하다 보니 나름의 결론에 이르렀는데, 그것이 바로 글쓰기의 힘이었다.

그렇게 힘든 시간을 견뎌내며 지금의 일상이 아닌 주제를 가지고 글을 써봐야겠다는 생각을 했다. 물론 잡스러운 생각들을 없애기 위함이 더 큰 이유였지만, 시작할 때는 끝까지 해낼 것이라는 기대보다는 반신반의하며 어딘가에 집중할 것이 필요했었다. 또 그것에 철저히 얽매이기 위해 나의 경제적 부담이 더해지면 더욱 본전을 찾겠다는 일념으로 열심히 할 거라는 생각에 내게 다소 큰 돈을 지불하여 글쓰기 공부를 시작했다.

약 5주간에 걸친 글쓰기 공부를 하면서 주제를 잡고, 그에 따른 소제목과 개략적인 흐름을 고민하면서 쓰기 시작했다. 그런데 시간이 흐르고 고민을 거듭하며 쓰면 쓸수록 주제가 바뀌고, 주제가 바뀌면 소제목 구성이 바뀌고, 책 제목을 생각하다 보면 또 바뀌고, 프롤로그를 쓰다 보니 다시 바뀌고…. 원점에서 뱅뱅 돌다가 서서히 나의 중도 포기 정신이 고개를 들었다. 핑곗거리도 충분했다. '난 원래 글솜씨도 없는 데다, 훈련도 있고 당직도 있고 주말에는 애들도 봐야 하고 너무 바빠.'라며 포기를 정당화하기 위한 이유를 만들어내고 있었다.

하지만 함께 공부를 시작한 사람들의 탈고 소식은 나에게 자극을 주었다. 그래도 내가 대한민국 군인인데 수업을 함께 하는 사람들에게 적어도 포기하는 모습을 보이지 말아야 한다는 생각이 들었고, 군인이라는 신분을 알고 있는 사람들에게 부끄럽지 않기 위해서라도 노력에 노력을 더했다.

함께 한 사람 중 한 분이 제일 먼저 탈고한 것을 계기로 경쟁심이 생겨 몇 달 간 퇴근 후에는 오로지 글쓰기에 몰입했다. 새벽 4시에 일어나 출근 전까지, 퇴근 후 간단한 식사 후 잠자리에 들 때까

충성! 저는 밀리터리 맘이지 말입니다

지, 주말이나 휴일에도 오로지 글을 썼다. 그렇게 우리 팀 중에서 두 번째로 원고를 탈고할 수 있었다.

힘든 일을 극복하지 못하면 악몽이 되고 극단적인 선택을 하게 될 수도 있다. 책을 쓰겠다고 큰소리치며 시작했지만 포기하고 싶은 고비를 여러 번 넘겼다. 글을 마무리 하고 나니 남들에게 자랑하고 싶었다. 가장 먼저 부모님께, 다음은 자녀들에게 으스대며 말했다. 잘하고 못하고는 고려 대상이 아니었다. 너무나 뿌듯하고 행복했다.

그렇게 내 인생 가장 힘든 시간이 넘어가고 있었다. 힘든 과거는 시간이 지나 극복하고 나면 인생의 밑거름과 추억이 되어 나를 단단하게 한다는 사실, 이것은 진리이다.

TIP BOX

사람마다 힘든 시간을 극복하는 방법은 다양하다. 내면 속의 자아와 성장환경, 지금 처한 상황들이 복합적으로 작용하지만, 누구에게 보여주기 위한 것이 아닌 나를 위한 글쓰기는 분명 내가 원하는 결론에 도달할 수 있는 중요한 도구이다. 앞으로도 유명한 작가가 되겠다는 거창한 꿈이 아닌 나를 위한 글쓰기를 계속하려고 한다. 단지 어떤 목적성을 가지고 나를 옭아매는 행동은 하지 않으면서 말이다.

일회용 여과지도
재활용하는 삶

군인들 간에 회자 되는 말 중에 군인 팔자에 큰돈 없다는 말이 있다. 지금은 좀 다른 것 같지만 예전에 공부 좀 한다는 사람 중 학비가 없는 사람들이 군에 입대하는 경우가 많았던 시절이 있었다. 내가 군 생활을 시작할 때만 해도 동료 중 가정환경이 부유한 사람은 거의 없었다. 그리고 적지는 않지만, 군인 봉급으로 잦은 이사 등 떠돌이 생활을 하면서 재산을 늘려가는 건 쉽지 않은 일이었다. 오죽하면 군인이 돈이 많으면 옳지 못한 방법으로 돈을 벌었다고 생각할 정도였으니까 말이다.

나는 찢어지게 가난한 부모님들의 피나는 노력으로 여느 사람들처럼 가난하지도 부유하지도 않은 환경에서 자라났다. 직장을 다니면서 부모님께 용돈 드리는 것을 즐거움으로 살았고, 입대 전에는 방값을 아끼려 옥탑방에서 생활했다. 그렇다고 엄청나게 절약을 하며 살아오지는 못했던 것 같다. 오히려 남들에게 가난함을 감추고 없어 보이지 않으려 항상 카드를 먼저 내미는 사람이었다. 나의 습관은 가정을 이루고 나서도 계속되었다. 물론 집에서도 장녀이자 장손의 아내였던 내가 경제적 부담을 해야 한다는 책임감에 내일이 없는 사람처럼 살았던 것 같다. 결국, 지금은 집도 없이 상당액의 대출을 지고 살아가고 있다. 뭐가 문제일까 생각하던 차에 한 선배님의 일화가 생각났다.

내가 존경하는 선배님이 계시다. 연륜도, 업무에 대한 전문성도, 재치있는 유머와 대인관계의 능숙함에 더해 남자다운 외모까지 모두 갖춘 분이다. 10살도 채 차이가 나지 않지만, 아버지 같은 느낌이 들 때도 있는 자상한 분이다. 적어도 내 눈에는 이상적인 군인이다. 삼십 년 넘게 한 곳에서 헌신적으로 일하면서 진급이라는 보답을 원하는 만큼 받지는 못해 곧 퇴직을 앞두고 있다. 주변 사람들로부터 항상 존경받고 무슨 일이 주어지더라도 자신감 있게 할 수 있는 능력을 갖춘 것만으로도 성공한 인생을 살고 있다고 생각한다.

그런 선배님을 바로 옆에서 지켜보면서 군의 선배이자 때로는 삼촌 같은 편안함을 느끼면서 나 또한 어떻게든 잘해주고 싶다는 생각을 한다. 그리고 나름대로는 행동으로 옮기며 생활하고 있다. 많은 부분에 있어 도움을 받는 쪽은 나이지만 새로운 물건을 소개하거나 내가 잘할 수 있는 일이 있으면 도와드리기도 한다.

한번은 선배님께 핸드드립 커피를 소개했다. 물론 내가 먹기 위해 구매하면서 선배님 것도 함께 마련했다. 분쇄하여 판매되는 커피와 일회용 여과지…. 신문물을 소개하듯 직접 시범을 보여드렸고, '이런 것도 있냐?'며 신기한 듯이 바라보는 모습이 좋았다. 이후 한두 번 스치듯 물었을 때 나의 가르침대로 잘 하고 있다고 말씀하셨다. 이것 역시 오지랖이자 사치였던가 싶기도 하다.

한참의 시간이 지났을까? 내가 사용할 일회용 여과지를 구매하기 위해 들렀던 가게에서 문득 선배님 생각이 났다. 선배님은 나에게 여과지를 어디서 사냐고 단 한 번도 물어보지 않으셨다. 여과지가 없어서 못 드시고 계신 것이 틀림없을 거라는 생각에 왜 진작 챙기지 못했을까 하며 선배님을 위한 여과지도 함께 구매했다.

그렇게 구매한 것을 들고 찾아간 선배님에게서 놀라운 소리를 들었다. 평소에도 절약 정신이 투철하신 것은 잘 알고 있었지만 일회용 여과지를 재활용하고 있다는 말에 실로 충격이 아닐 수 없었다.

나는 일회용 여과지를 재활용할 수 있다는 생각을 단 한 번도 하지 못했다. 일회용이니까 당연히 한 번 쓰고 버리는 것이라고 여겼다. '여과지에 구멍이 나지 않는 이상 다시 사용해도 문제 없지 않냐?'며 사용 후 씻어 말려놓은 여과지를 보여주시는데 놀라지 않을 수 없었다. 이런 생각과 행동의 차이는 결론적으로 엄청난 차이

충성! 저는 밀리터리 맘이지 말입니다

를 만들어낸다고 책이나 강연을 통해 접해왔다. 부자들의 근검절약 정신이 바로 이런 것인가?

물론 선배님은 엄청난 재력가는 아니시다. 정직하게 나라의 녹을 일정하게 받아 살아가는 공무원이다. 그런 우리가 부자가 되는 방법은 사실상 금수저가 아니면 쉽지 않은 것이 사실이다. 하지만 선배님은 늦둥이 딸을 포함한 다자녀를 키우면서 삼십여 년간 여기저기 떠돌아다니는 군 생활 속에서 내 집을 마련했다고 했다. 물론 대출이 대부분이지만, 그렇게라도 내 집을 가지고 있는 사람은 많지 않다. 어떻게 가능할까 싶었다. 내심 말씀하시지는 않지만, 부모님께 물려받은 것이 조금 있겠지 싶었다. 하지만 가까이에서 지켜본 바에 의하면 충분히 자수성가했을 수 있겠다 싶었다.

선배님의 일상의 모습은 나와는 확연한 차이가 있었다. 나 또한 다자녀와 시부모님, 대가족을 부양하며 살면서 소위 말하는 통이 큰 사람이었다. 물론 가진 것이 많아서가 아니라 찌질하고 싶지 않다는 생각과 있어 보이고 싶은 마음에서였다. 게다가 대출과 신용카드 긁기를 두려워하지 않는 사치스러운 시어머니와 한탕주의가 강한 남편의 영향이었을까? 난 절약보다는 보여주기 위한 것과 모자라지 않는 것을 더 중요시하면서 살았다. 내가 그래도 군에서 이 정도 위치에 있는데, 그 정도는 할 수 있다고 생각했다. 결론적으로 나중을 위해 지금 절약해야 한다는 생각 자체를 하지 못하고 살았다.

과연 지금 나는 어떤가? 대가족 부양을 위한 생활비 충당과 남편의 즉흥적인 투자 실패로 인해 은행 빚만 남았다. 주변 어떤 사람도 내가 이런 상황이라는 것을 모른다. 맞벌이 부부와 나의 군에서의 직급을 유추하며 모르긴 몰라도 꽤나 살만할 것으로 생각한다. 사실상 나는 자식들에게 물려줄 것은커녕 빚을 내려주지 말아야 한다는 것이 목표인데, 지금까지 모든 상황의 원인을 내가 아닌 주변에 있다고 생각했다. 때문에 변화할 수가 없었던 것 같다. 생활 속에서 절약하는 방법을 몰랐고 고민해 본 적도 없었다.

　전기세가 아까워 폭염에도 에어컨을 마음껏 켜지 못했고, 기름값이 두려워 추위를 유난히 많이 타는 내가 한겨울에도 집안을 따뜻하게 하지 못 할 만큼 보일러도 자주 돌리지 못했다. 그것이 절약이라고 생각하면서도 현실은 너무 서럽다는 생각을 했다. 나름대로 열심히 살았지만 왜 이렇게밖에 못 살았는지 자책했다. 망연자실한 마음과 이런 고민을 하지 않고 풍요롭게 살아가는 사람들이 부럽고 밉기까지 했다. 일확천금은 없다고 입이 닳도록 남편에게 잔소리하면서도 정작 나 또한 부족하지 않게 보이려고 과도한 지출을 일삼아왔던 것이다. 그걸 이제야 깨달았다. 내게 심각한 문제가 있다는 것을…. 결국, 내일은 없는 것처럼 살아가는 사람들과 별반 다를 바 없었던 것이다.

충성! 저는 밀리터리 맘이지 말입니다

TIP BOX

늦은 감이 있지만, 삶과 돈에 대한 생각을 바꾸었다. 일상 속에서 절약할 수 있는 것이 무엇인지 고민하고 실천할 것이다. 조금 부족한 듯한 삶을 부끄럽게 여기지 않고, 내일 좀 더 나은 삶을 위한 준비라고 생각하려고 한다. 사실은 자격지심이었던 허영심을 떨쳐내고 하루하루 조금씩이라도 채워가는 삶을 살아갈 것이다. 이 글을 쓰기 전에 내렸던 커피 여과지를 깨끗이 씻어 말려두었다. 이런 작은 실천을 시작으로 조금씩 변화하려고 한다. 사실은 수없이 많이 들었던 일이지만 이제서야 의미를 알아챈 것이다. 이래서 인생을 배움의 연속이라고 하는 것일까? 나는 40대 중반을 넘어가는 지금 깨닫는다. 많이 늦지 않았기를 바랄 뿐이다.

자식에게 줄 수 있는 최고의 가르침은
모범을 보이기

시집살이 11년. 십 년이면 강산도 변한다는 시간을 나는 성인이 되어 만난 시부모님과 함께 살았다. 자평하기 부끄럽지만, 나의 부모님을 애틋하게 여기는 마음이 남다른 나였기에 시부모님과의 동거가 자신이 있었다. 하지만 성장환경과 생활습관이 완전히 다른 사람들이 함께 사는 것은 결코 쉬운 일이 아니었다.

결혼이란 단순히 두 사람이 결합하는 의미보다 그 이상의 의미가 있는데, 바로 두 가정이 합을 이루어야 한다는 점이다. 그런데 우리나라는 여자가 시집을 간다는 개념이다 보니 여성이 다른 환경에 적응해야 하는 상황이 강하다. 한 집안에 다른 풍습을 가진 여자 혼자 다른 사람인 거다. 쉽게 말하면 여자가 그곳에 맞추어 가면 큰 문제가 없지 않냐고 말하겠지만 그게 그렇게 단순하지는

충성! 저는 밀리터리 맘이지 말입니다

않다.

여성이 맞이하는 새로운 가정은 여성이 자라온 환경의 영향이 그대로 드러날 수밖에 없기 때문이다. 자연적으로 시부모님은 아들의 가정형태에 불만이 생길 수 있다. 그런 부분 때문에 서로 부딪히는 것이다. 하지만 부모와 자녀가 균등한 입장에서 맞설 수 있는 건 아니니까 무조건 자식이 양보해야 한다는 생각으로 살았다. 30년만 살아도 고집이란 게 있는데, 50년 이상 살면서 생긴 삶의 방식을 어떻게 바꿀 수 있겠는가. 내가 달리 생각하고 내가 변하면 모두가 편하다는 생각이었다.

많은 사람이, 아니 세상 사람들이 한목소리로 '시부모와 처가는 내 부모가 아니고, 며느리와 사위는 절대 내 자식이 될 수 없다.'라고 한다. 난 그 말을 인정하지 않았다. 그것이 틀렸다는 것을 증명해 보여주리라 결심하고 정말 잘 하려고 노력했다. 나의 그런 노력이 부모님의 성에 찰리가 없겠지만 나름대로 원칙을 가지고 맞춰가며 살았다.

무엇보다 삼대가 한집에 사는 것이 쉽지 않은데 함께 살면서 자식에게 가정의 도리를 가르치고 싶었다. 교육이라는 것이 말로만 되는 게 아니라는 것쯤은 모두 알 것이다. 부모님께 효도하고 순종하는 모습을 보여주면 아이들은 당연히 따라 하지 않겠는가? 자신은 어른들에게 맞서고 심지어 짜증을 내면서 자식에게 말을 잘 들으라고 하는 것은 모순이다.

평소 허리가 안 좋으신 어머님이 아프다며, 삼 일을 몸져누운 적이 있었다. 누워서 꼼짝도 못 하시는 어머니를 위해 매끼 부드러운 음식을 해서 드시게 하고, 저녁이면 대야에 물을 받아 수건으로 얼굴과 몸을 닦아드렸다. 아무리 억지스러운 소리를 하시더라도 아이들 앞에서 대꾸하거나 맞서지 않았다. 그렇다고 나의 억울함을 아이들에게 험담하며 풀어내지도 않았다. 그렇게 십 년 시부모님과의 동거를 끝내고 친정엄마가 자녀 양육을 위해 함께 살게 되었다.

친정엄마는 유난히 몸이 약하고 이도 성치 않아서 식사도 잘 하지 못해 엄마를 위해 한약에서부터 온갖 좋은 것은 다 해드렸다. 한때 심하게 아프실 때는 퇴근 후 엄마의 샤워도 해드렸다. 그렇게 직장생활하면서 엄마와 아이를 함께 보살피는 것은 말 그대로 나의 능력을 초과하는 수준이었지만 어느 하나 포기할 수 없었기에 버텼다.

그러던 어느 날 딸이 나에게 말했다.

"엄마, 혹시 나중에 엄마가 할머니처럼 아프시면 내가 엄마 씻겨드릴게요."

그 말을 듣자마자 하염없는 눈물이 흘렀다. 그동안 십여 년 넘게 함께 살면서 감내해 온 고통을 일순간에 보상받는 느낌이었다.

사람은 시간이 흐르면서 두 가지 역할을 모두 하고 살아간다. 누군가의 자식이 되어 부모의 희생으로 성장하고, 가정을 이루면 부모가 되어 자식들을 위해 희생한다. 물론 이런 환경 속에 살지 못하는 사람도 많고, 부모든 자식이든 사랑과 배려를 받지도 주지도 못하고 사는 사람도 많다.

하지만 자식의 삶은 내가 선택할 수 없지만, 부모로서의 삶은 내 의지대로 할 수 있다. 어떤 환경에서 성장했든지 간에 나는 평범하고 정상적인 가정을 이루고 모범적인 부모가 될 수 있다. 내가 받지 못한 것을 억울해할 필요가 없다.

사람마다 차이가 있겠지만, 각자 배운 대로, 본대로 살아갈 확률이 높다고 한다. 성장환경에서 체득한 부모님의 생활 패턴이 나의 습관이 되고, 같이 먹고 자고 하다 보니 유사한 질병이 되물림 되기도 한다. 그만큼 삶의 습관은 중요하다. 인성도 마찬가지다. 부모님의 모습을 그대로 닮아간다. 물론 가끔 정반대인 경우도 있지만, 다수의 사람은 자녀를 대하는 태도마저 자기 부모의 모습을 투영한다.

나의 엄마의 경우만 보아도 그렇다. 할머니가 아들을 낳기 위해 첩으로 들어와 엄마와 이모를 낳고 쫓겨난 이후로 평생 어머니에 대한 기억이 없는 엄마는, 식모살이를 하는 사람으로 대우받으며 자란 영향으로 항상 어두운 표정과 짜증 섞인 말을 내뱉으셨다.

난 그런 엄마를 이해하고 받아들였다. 하지만 나의 아이들에게는 그런 양육방식을 따라 하고 싶지 않았다. 그래서 초등학교 입학 전까지 아이들에게 큰 소리를 내거나 짜증 낸 적이 없었다. 십 년을 함께 산 시부모님이 나에게 '대단하다'라고 말할 정도였다. 물론 자녀 양육에 정답은 없다. 하지만 지금 내 아이들이 평범하게 자라고 있으니 그걸로 만족한다.

부모를 대하는 태도도 몸소 가르치는 중이다. 자녀들이 하나 둘 초등학교를 들어가고부터는 공공연히 자녀들에게 말했다.

"이제 엄마는 할머니, 할아버지께 맞춰 살 거야."

즉 예전에는 아이들이 좋아하는 음식 위주로 갔다면 이제부터는 할머니, 할아버지가 선호하는 음식으로 하겠다는 의미이다. 그만큼 모든 면에서 아이들보다는 부모님께 더 썼다. 아이들이 불만을 표시할 때도 있었지만, 패턴을 바꿀 생각은 없다.

부모님의 은혜를 모르는 사람은 사람답게 살아갈 확률이 높지 않다고 생각한다. 부모가 내게 베풀어 준 희생의 양은 중요하지 않다. 그건 내가 따져 물을 것이 아니다. 받은 것이 없다고 억울해할 필요도 없다. 단지 나의 도리를 하면 된다. 자식으로의 도리와 부모로서의 도리, 이 모두를 그냥 하면 된다. 본전 생각도 말고, 되받을 수 있을 거라는 꿈도 꾸지 말아야 한다. 내가 한다고 모두 다 알아주지도 고마워하지도 않는다. 자식들 또한 마찬가지다. 한 뱃속

충성! 저는 밀리터리 맘이지 말입니다

에서 나와 함께 자랐지만, 너무 다른 성향의 아이들을 보면서 깨달은 것이 있다.

아이들이 내 마음을 알아줄 것이라는 희망과 내 의지대로 변할 것이라는 믿음을 버려야 한다는 것이다. 결과는 내 의지대로 할 수 있는 영역이 아니다. 즉 내가 희생한다고 자녀들이 알아줄지는 모를 일이다. 그리고 자식들이 유명한 사람이 되어 내게 효도할 것이라는 생각도 나의 희망사항일 뿐이다. 그런 기대감은 부모와 자식 간에 서운함을 느끼는 충돌의 원인이 된다.

TIP BOX

자녀들에게 원하는 것이 있다면 내가 먼저 해야 한다. 자녀들이 내 말을 잘 들어주고 감사하기를 바란다면, 내가 먼저 부모님께 순종하고 감사하는 마음으로 그들을 대하는 모습을 직접 보여주어야 한다. 나는 그렇게 하지 않으면서 내 자식이 그렇게 해 줄 것이라는 생각은 버려야 한다. 효도도 공부도 모두 내가 먼저 솔선수범해야 한다.

❖ 에필로그

    내 인생에서 받은 가장 큰 축복은 내가 군인으로서 삶을 살아갈 기회를 얻었다는 것이다. 어떻게 군인이 되었고 언제부터라고 말할 것도 없이 이십여 년이라는 시간이 훌쩍 넘어갈 동안 군인으로 살아왔다. 무모한 도전이었다고 생각된 순간도 있었고 내가 감당할 수 있을까 하는 의문과 두려움에 항상 조바심내며 살았다. 하지만 과분한 직책과 대우를 받으며 살아왔다고 고백한다.

    아주 오랫동안 금녀의 집이었던 군이라는 특수한 환경에서 처음에는 소수이기 때문에 어렵고 힘든 점도 많았고 차별 아닌 차별도 받았던 것이 사실이다. 차별하려는 의도가 있어서라기보다 어떻게 해야 할지를 몰랐다고 말하는 것이 더 정확할 수 있다. 하지만 생각해보면 시간이 흐르고 사회나 군 모두 변화의 바람이 불어오면서부터 과분한 보호와 배려를 받기도 했다.

    워킹맘으로서의 삶도 나쁘지 않았다. 직장과 가정이라는 두 마

충성! 저는 밀리터리 맘이지 말입니다

리 토끼를 다 잡아보겠다며 능력 이상의 에너지를 쏟아 큰 위기도 겪었고, 예기치 못한 상황들로 좌절한 순간도 있었지만, 결과적으로 비약적인 변화와 발맞춘 정책적인 배려로 지금까지 버틸 수 있었다.

사회적으로 여성의 입지가 높아지며 군도 변화의 바람이 불었다. 사회와는 분명 차별되는 군의 특성으로 인해 하루아침에 전부를 바꿀 수 없다는 것을 인정하고 보면, 군의 변화는 실로 박수쳐 줄 만하다. 적어도 십 년, 이십 년 군 생활을 해 본 사람이라면 지금의 변화가 믿기지 않을 정도다.

여성으로서 삶에서 자연스럽게 겪어야 할 평상적인 어려움을 생각하고 본다면, 군은 전쟁을 준비하면서 목숨을 내어놓고 하루를 살아가는 초긴장의 연속선에 있다. 다소 투박하지만, 남녀를 불문하고 목표가 하나인 순수한 집단이다. 그런데 이제 그런 군이 여성들과 나란한 동행을 준비하고 있다.

현재 군대도 출산율 저하로 인한 병력 감소라는 시대적 과업을 안고 있다. 따라서 앞으로 여성의 역할이 점점 더 커질 수밖에 없는 상황을 맞이하고 있다. 그렇다면 국가 보위, 전쟁 승리라는 군 본연의 임무 완수를 위해 변화하는 조직 구성원과 환경을 어떻게 운용할 것인지에 대해 깊은 고민을 거듭해야 한다.

수적 열세로 인한 불편함과 어려움은 점차 시간이 해결해 줄 문제다. 아직 군에는 여성의 영향력이 미치지 못한 곳이 많다. 즉 앞으로 여성의 영향력을 발휘할 기회가 더 많다는 말이기도 하다. 군인의 길을 생각하고 희망하는 사람이 있다면 과감히 도전할 것을 권유하고 싶다.

충성! 저는 밀리터리 맘이지 말입니다

아무나 군인이 될 수 없기에 오늘도 군복을 입을 수 있음에 감사하며 충성을 다짐한다.

엄마 아빠의 시계는 멈추었으면

오랜만에 아빠 얼굴을 뵈었다.
평생 청년의 모습일 줄 알았던 아빠 얼굴에 주름이 보인다.
내 인생의 시계는 2배속으로 달리길 바라지만
부모님 시계는 아주 천천히 아니 멈췄으면 좋겠다.

고등학교를 졸업하면서부터 독립해서 살다 보니
나이가 들수록 부모님이 더욱 그리워진다.

어떤 상황에서도 묻거나 따지지 않고 무조건 내 편이 되어주고
평범치 않은 삶을 살아가는 딸의 인생을 존중하며 응원해주신다.
생각만 해도 가슴이 뜨거워진다.

자식들은 나이가 한참 들어도
부모의 사랑과 지지를 먹고 살아가는 것은 아닐까.

여느 부모들처럼 자식이 우상이고 희망이신 분,
남들 다 하는 걸 조금 더 잘한다 싶으면 천재인 양 호들갑 하시는 분
나는 어쩌면 그런 부모님들의 관대함과 신뢰로 인해
실제의 나보다 다소 과대평가된 삶을 살아가는지도 모르겠다.

충성! 저는 밀리터리 맘이지 말입니다

하지만 그런 부모님이 계시기에 내가 고개를 꼿꼿이 들고
살아갈 수 있음을 안다.
그래서 나도 그런 부모가 되기 위해 노력한다.

항상 고개를 앞뒤로 격하게 흔들며 공감해주고,
무슨 일을 하든 엄지 척 하며 칭찬해주는
그런 부모가 되고 싶다.

흐르는 걸 멈추지 않는 바다처럼

그래 살아봐야지
너도나도 바다 되어
흐르는 걸 멈추지 않는 바다 되어

살아봐야지
추워도 쉽게 얼지 않는 바다처럼
긴 마라톤을 달리는 선수들처럼
천천히 흘러야지
추워도 쉽게 얼지 않는 바다
푸른 바다가 되어

옳지 최선의 꼴
지금의 네 모습처럼
흐르는 걸 멈추지 않는 바다처럼
추워도 쉽게 얼지 않는 바다처럼

충성! 저는 밀리터리 맘이지 말입니다